새로 바뀐
대학 자기소개서

새로 바뀐

대학
자기소개서

김 완 지음

맑은샘

　　2022학년도와 2023학년도 대학입시 자기소개서는 공통문항 두 문항과 대학별 자율문항 한 문항으로 글자 수가 3,100자 이내로 축소되었다. 글자 수가 축소된다는 말은 그만큼 자신을 내세울 수 있는 내용이 줄어든다는 것으로 차별화된 자기소개서의 작성이 더 어려워졌다고 해석할 수 있다. 글을 작성하는 소재와 표현하고 싶은 본인의 강점에 대한 선택과 집중이 필요할 것이다. 수험생들의 대학입시 현실이 부담될수록 저자가 담당해야 할 몫이 클 수밖에 없는 상황에 대해 책임을 무겁게 느낀다. 학생들은 다른 수험생과 끊임없는 비교가 전제되기 때문에 열등감이 포함된 자신감을 갖게 된다. 나는 이러한 학생들에게 내가 가진 보편성을 나누려 한다. 자기를 객관화시켜 비로소 갖게 되는 자존감의 여정을 함께하려 한다. 이것은 저자로서 커다란 행운이다. 인간이 사회와 역사를 만들지만, 최근 사회적 환경은 이전과 다르게 혁신적인 전환을 요구하고 있다. 따라서 학생들은 지능 정보화 사회의 도래, 융합학문의 등장, 힘의 불평등과 같은 사회적 환경들에 대해 대학 입학 후까지 대비해야 한다. 더 이상 과거에 머물 수 없다. 여러분이 미래를 창조적으로 바라보며 새로운 방향을 설정하는 길잡이가 되기를 기대한다. 대학입학을 준비하는 학생들이 나아가야 할 방향이 뚜렷하고 분명해지길 간절히 바란다.

　　자기소개서를 작성한다는 것은 결코 쉬운 일이 아니다. 대학입시 자기소개서는 주어진 문항에 대해 생활 기록부를 기반으로 작성해야 한다. 더욱 어려운 것은 모든 학생이 비슷한 학습과 활동의 소재를 가지고 차별화된 자기소개서를 작성해야 한다는 것이다. 그러기에 막상 작성하려면 주저할 수밖에 없다.

우리 연구팀은 수년간 합격한 학생들의 자기소개
서를 분석하여 그 정보를 기준으로 이 책을 기술하
였다.

　　Chapter 1에는 자기소개서 작성 전 필독사항
으로 작성이론 및 평가와 반드시 고려해야 할
10가지 항목을 만들어 수록하였다. 처음 자기
소개서를 작성하는 학생이라도 쉽게 접근
할 수 있을 것이다. 경험자라 하더라도 잘
못 인지하기 쉬운 내용을 숙지한다면 좋
을 것이다.

　　Chapter 2에서는 나만의 자기소개서
작성법을 문항별로 수록하여 차별화된 자
기소개서를 작성하는데 도움이 되게 하였다.

김 완 선생님

　　Chapter 3에서는 각 영역별 예문을 첨삭한 내용을 게재하여 학생 스스
로 자신의 글을 수정하는 데 도움이 되게 하였다.

　　Chapter 4는 계열별 자기소개서 사례를 수록하였다. 잘 읽는다면 학생
스스로 자신의 글과 비교하여 자기소개서의 방향성에 누구나 쉽게 접근할
수 있도록 하였다.

　　끝으로 원고작성에 큰 역할을 한 서울대학교 기초교육원 박소현 연구원
을 비롯한 여러 연구원들에게 고마움을 표한다.

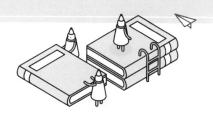

Chapter 1

대학
자기소개서
작성 전
필독사항

이 챕터는 대학 자기소개서를 작성하기 전에 반드시 알아야할 내용들을 실었다.

　우선 저자는 수험생이 자신의 이야기인 자기소개서를 쉽게 쓸 수 있게, 또 합격할 수 있는 자기소개서를 작성하는데 중점을 두었다. 자기소개서를 어떻게 써야 하는지에 대한 이야기는 매우 다양하다. 수험생 입장에서 방법, 형식, 내용을 어떻게 작성해야 할지 어려움이 많을 것이다. 그 부분은 이 책을 통해 해결할 수 있을 것이다.

　대학에 제출하는 자기소개서는 대부분 공통문항 2개와 대학별 자율문항 1개로 구성되어 있다. 자기소개서 평가 후 가장 많은 문제점으로 지적된 것은 문항의 발문에서 요구하는 내용과 관계없는 내용을 쓰거나, 근거 없이 주장하고, 앞뒤 맥락이 맞지 않은 경우가 많았다는 것이다. 물론 자기소개서는 논술이나 소논문과는 평가 기준이 다르다. 그러나 어느 정도의 글쓰기 기본을 지키는 것은 필요하다. 대학 자기소개서는 말 그대로 자기를 소개하는 글이다. 따라서 아주 우수한 글이나 독특한 내용의 글로 작성할 필요는 없다. 고등학생의 표현력으로 진솔하게 작성하면 된다. 다음 내용들을 고려해서 작성한다면 그다지 어렵지 않을 것이다.

　본 단원에서는 작성하기 전에 알아 두어야 할 내용들을 체계적으로 정리하여 기술하였다.

I 대학 자기소개서 작성이론 및 평가

대학 자기소개서는 합격을 위해 자신만의 특성이 지원 분야에 적합함을 인정받기 위해 대학에서 제시한 발문에 맞게 작성하는 글이다. 대학 입시 제출 서류 중 학교생활기록부가 교사의 관점에서 교내활동의 객관적 사실을 기록한 자료라면 자기소개서는 학생의 관점에서 자신이 경험한 활동을 통해 형성된 특성과 능력을 지원학과에 적합하게 작성하는 자료이다. 지원자가 학교생활기록부의 기록된 활동내용을 자신의 경험과 소신을 기반으로 소명하는 것이다. 즉 학교활동을 통해 무엇을 배우고, 어떤 점이 성장했으며, 향후 어떻게 발전해 나갈 것인지를 구체적으로 작성해야 한다.

지원자의 대학에 제출해야 하는 서류 중 학교생활기록부는 이미 기록이 끝난 상태이므로, 자기소개서는 학생부종합전형에서 지원자가 보완할 수 있는 유일한 서류란 점에서 매우 중요하다.

학교생활기록부의 표현을 추가적으로 설명하고 싶은 내용을 사실에 입각한 스토리텔링으로 작성하면 된다. 즉 학생부에 결과 중심 또는 활동 내용의 일부분만 기록되었다면 학생 스스로 어떤 노력을 했는지, 그 과정에서 어려운 점의 해결사례와 자신에게 어떠한 의미가 있는지를 설명할 필요가 있다. 가장 중요한 것은 자신의 이야기를 평가자에게 단순히 알리는 것이 아니고 공감시키는 것이 중요하다.

평가자는 수많은 자기소개서를 평가하는 전문가이기 때문에 많은 학생이 상투적으로 표현하는 글보다는 자신만의 고유한 특성을 드러내는 것이 중요하다. 고교 3년간 학생부에 기록된 내용이 지원자에게 어떠한 의미인지, 어떻게 성장하였는지, 앞으로 어떻게 발전할 것인지 진지하게 생각한 후에 작성하는 것이 좋다. 자기소개서는 글을 평가하는 것이 아니라 글을 작성한 학생을 평가하는 것임을 명심해야 한다. 따라서 평가자 입장에서 생각하고 작성하는 것이 중요하다. 지원자가 합격하고 싶은 마음이 앞서 탁월한 능력이 있고, 모든 면에서 우수하며, 발전 가능성이 무한하다는 자화자찬식의 표현은 좋지 않다. 그렇다고 너무 겸손하게 표현하는 것도 평가자에게 자신을 선택해야 하는 점에서 좋은 방향은 아니다. 평가자가 자기소개서의 내용을 통해 학생의 능력, 행동, 생각 등을 공감하며 평가하게 작성해야 한다. 본서의 내용을 잘 숙지하고 작성한다면 가능할 것이다.

　입학사정관은 지원자의 모습을 그려보면서 입학 후 발전 가능성을 정확하게 평가하려고 노력한다. 잘 작성한 자기소개서는 중요한 평가 자료가 된다. 대학에서 요구하는 사항에 부적합한 학교생활기록부를 가진 지원자가 자기소개서를 우수하게 작성한다고 합격하기는 어렵다. 하지만 대부분 학생부종합전형으로 지원하는 수험생들은 각 대학과 학과별로 지원하는 학생의 성적과 활동이 비슷하기 때문에 자기소개서의 작은 차이가 합격의 당락을 결정하는 요소가 된다.

　대학 자기소개서 평가요소는 크게 '학업역량', '전공적합성', '인성과 공동체의식', '발전가능성' 4가지로 이루어진다. 각각의 평가요소의 세부 항목은 다음과 같다.

　우선 '학업역량'은 입학 후에도 학업을 제대로 수행할 수 있는 자기주도적인 기초 수학능력을 의미한다. 따라서 학업의 의지, 부족한 점의 원인 분석, 자기주도적인 태도, 교과활동의 창의성, 지적호기심 등을 평가한다.

두 번째로 '전공적합성'은 지원 분야에 대한 관심과 노력 그리고 준비과정과 이해정도를 의미한다. 따라서 전공과 관련된 활동, 지원자의 경험과 전공의 연관성, 전공에 대한 관심과 이해 등을 평가한다.

세 번째로 '인성과 공동체의식'은 사회의 일원으로 공동체 속에서 갖추어야 할 바람직한 행동과 생각을 의미한다. 따라서 사회성, 도덕성, 성실성, 협업능력, 소통능력, 나눔과 배려 등을 평가한다.

네 번째로 '발전가능성'은 고등학교 시절의 상황과 수준보다 입학 후 더 높은 수준으로 향상될 가능성을 의미한다. 따라서 자기주도성, 리더십, 창의성, 문제해결능력, 갈등 극복사례, 계획과 실천능력, 도전과 성취경험, 적극성과 참여도, 다양한 활동과 문화적 소양 등을 평가한다.

결과적으로 자기소개서는 대학이 자신을 선발해야 한다고 설득하는 글이다. 그러기 위해서 위에서 이야기한 내용과 더불어 학교생활기록부와 연관성을 고려해야 한다. 두 자료를 연계하여 평가하기 때문에 학생부의 내용을 부연 설명하는 것이 아니고, 자신의 특성과 능력, 경험과 성장, 열정과 노력 등을 구체적으로 묘사해야 한다.

Ⅱ 자기소개서 작성 시 반드시 고려해야할 10가지

1 자기소개서에 대한 잘못된 인식

자기소개서에 대해 많은 사람들이 이야기하는 잘못된 인식 3가지에 대해 저자의 생각을 기술해본다. 첫째 "자기소개서는 재미있게 써야 한다. 그래야 입학사정관이 끝까지 읽는다." 좋은 말이다. 그러나 재미있는 것보다는 진실성이 더 중요하다. 자기소개서는 생활기록부를 기반으로 유기적 연관성을 고려해 작성해야 하므로 재미에 초점을 맞추다 보면 다른 사람의 이야기가 될 수 있다. 입학사정관들은 어떤 내용의 글이든 끝까지 꼼꼼하게 읽는다. 물론 내 이야기를 진실 되게 작성했는데 재미까지 있으면 더욱 좋을 것이다. 그러나 꾸며서 쓰는 것은 절대로 금물이다. 자신이 경험한 내용을 충분히 생각하고, 본인의 성찰을 고려하여 작성한다면, 그것이 입학사정관이 원하는 재미있는 글이다.

둘째 "자기소개서는 독창적으로 써야 한다. 그래야 남들과 차별된다." 독창적의 사전적 의미를 살펴보면 '다른 것을 모방함이 없이 새로운 것을 처음으로 만들어 내거나 생각해 내는 것'이다. 과연 합격한 모든 학생들의 자기소개서가 독창적으로 글을 쓴 것일까? 합격한 자기소개서를 읽어보면 일부 창의적이라고 생각 되는 글들도 있다. 하지만 대부분의 글은 일반적이다. 그것은 당연한 일이다. 대부분의 고등학교에서 배우는 과목과 활동사항은 모두 비슷하다. 시작부터가 독창적일 수 없는 것이다. 물론 창의적 사고를 갖고 글을 쓸 필요는 있다. 창의성은 새로운 것을 창조하는 것이 아니고, 당연히 발생할 수 있는 일, 또는 과거의 경험에 대해 다른 각도에서 바라본 것이다. 따라서 수험생 자신이 한 활동을 다각도로 바라보고 작성한다면 그것이 창의적인 것이다. 다각도란 말에 수험생들은 다시 고민할 것이다. 그냥 활동 내용만 생각하지 말고 동기, 이유, 깨달음 등을 생각해 보는 것이다. 또한 독특한 글은 오히려 해가 될 수 있으니 경계해야 한다.

셋째 "서론 본론 결론 3단계 형식의 글은 식상하니 피하라." 대부분의 학생들이 어려서부터 글을 쓸 때 3단 구성에 입각해서 배우고 작성했을 것이다. 따라서 많은 학생들이 사용하는 형식이다. 그래서 차별화 부분에서 식상하다는 이야기가 나온 것 같다. 그렇다면 3단 구성 말고 학생들이 익숙한 글을 쓰는 형식은 다양한지 생각해보자. 결코 그렇지 않다. 고작 기 · 승 · 전 · 결 형식 정도일 것이다. 물론 대학에서 요구하는 자기소개서를 작성해야 하는 형식의 기준은 없다. 하지만 주어진 글자수 내에서 효과적인 글을 쓰려면 어느 정도의 형식은 필요하다. 본인이 스스로 잘 작성할 수 있는 방법이라면 그것이 우수한 형식이다. 그러니 "식상한 형식의 글은 피하라."라는 말은 그다지 신경 쓰지 않아도 된다.

② 자기소개서 유의사항

자기소개서를 제출하는 모든 대학의 모집요강에 기록되어 있는 사항이다. 그러나 많은 학생들이 당연하다고 생각하고 무시하는 경우가 많다. 반드시 꼼꼼하게 읽어 보아야 한다. 그래야 불의의 실수를 막을 수 있다. 그 내용을 살펴보면 다음과 같다.

1) 자기소개서는 지원자 본인이 작성하여야 하고, 사실에 근거하여 정직하게 지원자 자신의 능력이나 특성, 경험 등을 기술하여야 한다.

2) 대학이 자기소개서에 기술된 사항에 대해 사실 확인을 요청하는 경우 지원자는 적극 협조하여야 한다.

3) 대학은 제출된 자기소개서의 표절, 대리 작성, 허위사실 기재, 기타 부정한 사실 등의 검증을 위해 유사도 검색을 실시하고, 해당 사실이 발견될 경우 지원자는 불합격 처리되며 합격 이후라도 입학이 취소될 수 있다.

4) 자기소개서에 다음 사항을 기재할 경우 서류 평가에서 "0점"(불합격) 처리된다.

① 공인어학성적

> 영어(TOEIC, TOEFL, TEPS), 중국어(HSK), 일본어(JPT, JLPT), 프랑스어(DELF, DALF), 독일어(ZD, TESTDAF, DSH, DSD), 러시아어(TORFL), 스페인어(DELE), 상공회의소한자시험, 한자능력검정, 실용한자, 한자급수자격검정, YBM 상무한검, 한자급수인증시험, 한자자격검정

② 수학 · 과학 · 외국어 교과에 대한 교외 수상실적

수 학	한국수학올림피아드(KMO), 한국수학인증시험(KMC), 전국창의수학경시대회, 도시대항 국제수학토너먼트(ToIT), 국제수학올림피아드(IMO)
과 학	한국물리올림피아드(KPhO), 한국화학올림피아드(KChO), 한국생물올림피아드(KBO), 한국지구과학올림피아드(KESO), 한국천문올림피아드(KAO), 한국뇌과학올림피아드(KBSO), 한국중등과학올림피아드(KJSO), 국제물리올림피아드(IPhO), 국제화학올림피아드(IChO), 국제생물올림피아드(IBO), 국제지구과학올림피아드(IESO), 국제천문올림피아드(IAO), 국제뇌과학올림피아드(IBB), 국제중등과학올림피아드(IJSO)
외 국 어	전국 초중고 외국어(영어, 중국어, 일본어, 프랑스어, 독일어, 러시아어, 스페인어) 경시대회, 국제영어대회(IET), 글로벌 리더십 영어경연대회(GLEC), 국제영어논술대회(IEEC), 영어글쓰기대회, 영어말하기대회

- 위에서 열거된 항목 외에도, 대회 명칭에 수학·과학(물리, 화학, 생물, 지구과학, 천문)·외국어(영어 등) 교과명이 명시된 교외 각종 대회(경시대회, 올림피아드 등)의 수상실적을 작성했을 경우 "0점"(불합격) 처리
- '교외 수상실적'이란 학교 외 기관이 개최한 대회 수상실적을 의미하며, 학교장의 참가 허락을 받은 교외 수상실적이라도 작성 시 "0점"(불합격) 처리

5) 학생부위주전형의 자기소개서는 공교육 내에서 이루어진 활동을 작성하는 취지이므로 학교생활기록부에 기재할 수 없는 항목[교외 수상실적, 교외 인증시험 참여 사실이나 성적, 논문 등재나 학회 발표, 도서 출간, 지식재산권(특허, 실용신안, 상표, 디자인) 출원이나 등록, 해외 활동실적 등]은 작성할 수 없고, 어학연수 등 사교육 유발 요인이 큰 교외 활동의 경우에도 작성이 제한된다. 이를 준수하지 않았을 경우 평가에서 불이익을 받을 수 있으니 작성을 금지한다.

6) 학생부위주전형의 자기소개서는 지원자 본인의 강점을 부각시키기 위해 작성하는 것으로 지원자 성명, 출신고교, 부모(친인척포함)의 실명을 포함한 사회적·경제적 지위(직종명, 직업명, 직장명, 직위명 등)를 암시하는 내용을 기재할 경우 평가에서 불이익을 받을 수 있으니 작성을 금지한다.

7) 표준 공통원서접수서비스를 활용하는 경우 자기소개서 작성 시 입력 허용 문자는 영문자, 숫자, 한글만 가능합니다. 특수문자는 아래의 특수문자 및 기호만 입력이 가능하다.

- 허용 문자 및 기호 ~ ! @ # ^ ( ) - _ + / { } [ ] : " ' , . ?
- 한컴 오피스 한글 문자표 및 윈도우 한자키를 이용한 특수문자는 입력이 허용되지 않는다.

③ 발문에 충실해야 한다

다시 말하면 질문의 의도를 정확하게 파악하고 작성해야 한다. 대학에서 제시한 모든 문항은 평가하고자 하는 요소를 고려해 의도적으로 개발된 것이다. 예를 들면 학업역량, 전공 적합성, 문제해결 능력, 품성, 지원동기, 진로계획 등을 평가하기 위해 개발된 문항들이기 때문에 문항별로 그 발문의 의도에 맞추어 작성하여야 한다. 그러기 위해서는 우선 자기소개서 문항의 질문에 대해 말로 자신의 이야기를 할 수 있어야 한다. 만약 간단명료하게 답변할 수 없다면, 아직 자신의 생각이 정리되지 않은 것이다. 즉 글을 쓸 준비가 덜 된 것이다. 이 상태로 글을 쓰게 되면 추상적이고, 상투적인 표현으로 분량을 채우고 스스로 만족할 수 있다. 하지만 자기소개서는 대학이 자신을 선발하도록 설득하는 글이기 때문에 이러한 글은 자기소개서 취지에 부합되는 가치가 부족하게 되므로 합격하기 위해서는 반드시 자신의 생각이 정리된 후에 작성하여야 한다.

④ 자기소개서는 생활기록부 기반으로 작성하라

너무나도 많이 들은 이야기일 것이다. 이점은 매우 중요한 사항이다. 자기소개서의 어떤 문항이든 생활기록부에 있는 내용을 토대로 유기적 연관성을 생각하고 작성하여야 한다. 그 이유는 학생부 종합전형 제출서류 중 대학에서 가장 신뢰하는 것이 학생 생활 기록부이기 때문이다. 학생부 종합전형의 취지는 교과활동과 함께 다양한 학교활동을 얼마나 성실하고, 우수하게 수행했는가를 평가하는 전형이다. 그렇다고 학교 생활기록부에 상세하게 적혀있는 소재나 주제의 내용을 부연하는 것보다는 설명이 부족하게 기술된 내용을 구체적으로 소명하는 것이 좋다. 또한 생활기록부를 꼼꼼하게 분석하여 자신의 체험과 노력한 내용, 열정과 능력 등을 자기소개서와 학교생활기록부를 조화롭게 지원자를 잘 드러나게 작성하는 것이 좋다. 학교생활기록부는 지원자의 고등학교 생활을 종합적으로 살펴볼 수 있는 유일한 자료이기 때문이다. 따라서 지원자는 늘 자신의 생활기록부를 보고 숙지해야 한다. 자기소개서 문항을 기준으로 여러 번 보다 보면 어떤 소재와 내용이 자신의 성실성과 우수성을 잘 드러낼 수 있는지 알게 된다. 극단적으로 말해 자신의 생활기록부를 본 시간과 대학입학은 비례한다고 해도 과언이 아니다.

5 첫 문장과 그다음 문장은 어떻게 써야 하나?

대부분의 학생들이 첫 문장을 쓰기 전에 많은 고민을 할 것이다. 첫 문장은 임팩트 있게 써야 한다 생각하기 때문이다. 쉬운 일이 아니다. 그냥 본인이 쓰고자 하는 내용의 결론부터 쓰고 서술하라. 그러면 글에 대한 부담감이 줄어들 것이다. 두괄식으로 작성하라는 이야기이다. 입학사정관들은 짧은 시간에 많은 학생들의 자기소개서를 읽기 때문에 우선 첫 문장에서 호기심 갖게 하거나 읽고 싶게 만드는 것은 매우 중요하다. 그러나 고민할 필요는 없다. 본인이 생각한 내용을 편안하게 기술하고 글을 마친 뒤 자신의 글을 다시 읽어 본다. 그 과정에서 첫 문장이 맘에 들지 않는다면 전체 그의 내용의 핵심 되는 단어를 생각하고, 본인이 멋지다고 생각하는 유사단어를 선택해서 문장을 구성하면 된다.

그리고 전체적으로 문장은 짧고 명쾌하게 하는 것이 좋다. 너무 길게 늘어지는 만연체 문장은 피하는 것이 좋다. 평가자 입장에서 짧은 시간에 평가를 객관적으로 해야 함으로 글의 내용을 편안하고 쉽게 이해할 수 있게 하는데 도움이 된다. 또한 추상적인 표현방법은 피하고, 구체적으로 자신의 성장과 변화를 기술하는 것이 좋다. 과장되게 자신을 미화하거나 상투적인 묘사는 지양해야 한다. 예를 들면 동료들과 함께한 활동을 자신만의 경험으로 포장하거나, 구체적 동기 없이 한 활동을 꾸며서 이야기하는 것은 좋은 평가를 받을 수 없다. 특히 제대로 읽지 않은 어려운 책을 독서활동으로 작성하는 것은 신뢰성을 잃게 된다.

６ 맞춤법, 정확한 문장 구사는 어느 정도 필요하다

당연히 잘못된 표현은 피하는 것이 좋다. 장본인과 주인공의 잘못된 사용, '떼려야 뗄 수 없는'을 '뗄레야 뗄 수 없는'으로 쓰는 경우 등은 바르게 표현하는 것이 좋다.

'떼려야 뗄 수 없는'이 바른 표현이다. 또 장본인은 부정적인 경우에, 주인공은 긍정적인 경우에 사용하는 것이다. 예를 들면 "학교폭력의 주인공", "학교를 빛낸 장본인" 두 경우 모두 잘 못된 표현이다. "학교폭력의 장본인", "학교를 빛낸 주인공"이 바른 표현이다. 이런 한 것들을 모른다고 해서 걱정할 필요는 없다. 수험생 여러분은 이미 어느 정도의 문법을 알고 있고, 세부적인 부분을 잘 모른다고 해도 글을 모두 작성한 뒤 컴퓨터 한글 프로그램에서 맞춤법 검사를 통해 수정하면 된다. 물론 컴퓨터 프로그램에서 찾을 수 없는 부분이 있을 수 있다. 이점을 고려하여 7.항 맞춤법 검사로 확인할 수 없는 혼동하기 쉬운 단어들을 정리해 두었으니 참고하기 바란다.

그럼에도 잘못된 문장 구사가 되는 경우는 매우 드문 일이고, 그 드문 경우가 나에게 발생한다고 해도 평가에 아주 큰 영향을 미치지는 않으니 지나치게 어법에 신경 쓰기보다는 내용에 충실하는 것이 중요하다.

- 가늠: 목표나 기준이 맞고 안 맞는지를 헤아려 봄.
  예 사업을 가늠도 없이 시작하였다.
- 가름: 나누거나 쪼개어 따로따로 되게 하는 것.
  예 사과를 반으로 가름
- 갈음: 다른 것으로 바꾸어 대신하는 것.
  예 부품을 갈음, 새 공책으로 갈음했다.

- 가르치다: 지식이나 기능 등을 깨닫게 하거나 익히게 하다.
  예 학생에게 문법을 가르치다.
- 가리키다: 어떤 방향이나 대상을 말하거나 지목하다.
  예 손끝으로 북극성을 가리키다.

- 간간이: 시간적 사이, 공간적 거리를 두고서 듬성듬성
  예 간간이 간식을 먹곤 했다.
- 간간히: 음식이 약간 짠 듯이.

- 갑절: 어떤 수나 양의 두 배만큼.
  예 2의 갑절은 4이다.
- 곱절: 어떤 수의 양이 그 수만큼 거듭됨을 이르는.
  예 재산이 세 곱절로 늘었다.

- 거치다: 장소를 경유하는 것, 무엇에 걸리다.
  예 휴게소를 거쳤다. 덩굴이 발에 거치다.

■ 걷히다: '걷다'의 피동사, 흩어져 없어지다.

　예 답안지를 걷었다. 안개가 걷히다.

□ 걷잡다: 치우쳐 흘러가는 것을 붙들어 잡다.

　예 잘못되어 가는 일을 걷잡을 수 없었다.

□ 겉잡다: 겉으로 보고 어림잡아 짐작하다.

　예 겉잡아 보니 일주일 걸릴 과제였다.

■ 결재: 결정 안건을 허가 또는 승인하는 것.

　예 상관에게 보고서 결재를 올렸다.

■ 결제: 대금을 주고받아 매매의 거래를 끝맺는 일.

　예 물건 값을 결제 하였다.

□ 계발: 재능, 슬기 따위를 깨우쳐 줌.

　예 자기계발을 통해 통찰력을 일깨웠다.

□ 개발: 능력, 기술, 경제 등을 발전시킴.

　예 광산을 개발하다. 산업기술을 개발하다.

■ 구별: 대상의 종류와 성질에 따라 차이가 남.

　예 사과와 배를 구별해 담았다.

■ 구분: 전체를 일정한 기준에 따라 갈라 나눔.

　예 빵을 식사용과 후식용으로 구분하였다.

□ 너머: 높은 것이나 경계의 반대쪽, 공간의 의미.

　예 언덕 너머에 보리밭

□ 넘어: '넘다'의 활용형, 동사의 의미

　예 한계를 넘어 새로운 경지에 이르렀다, 산 넘어 산

■ 느리다: 움직임에 시간이 많이 걸린다.

　예 거북이의 걸음은 느리다.

■ 늘이다: 정해진 길이를 어떤 힘을 통해 길게 한다.

　예 고무줄을 늘이다.

■ 늘리다: 부피, 넓이, 무게, 수량 등을 커지게 하는 것.

　예 공장의 생산수량을 늘렸다.

□ ~던(지): 뒤의 사실 또는 판단에 대한 이유나 근거

　예 사귀었던, 추위에 얼마나 떨었던지

□ ~든(지): 대상 가운데 선택의 연결어미

　예 영어든 일본어든, 먹든지 말든지

■ 다르다: '같다'의 반대어, 비교의 대상이 같지 않다.

　예 개와 고양이는 서로 다른 종이다.

■ 틀리다: '맞다'의 반대어, 잘못되거나 어긋나다.

　예 맞춤법을 틀리다.

□ 두껍다: 두께가 일반적인 것보다 크다.

　예 책이 두껍다.

□ 두텁다: 믿음, 관계 등과 같은 추상적 상태.
　　예 왕과 신하 간의 신뢰가 두텁다.

■ 띠다: 물건, 용무 등을 지니다.
　　예 허리띠를 띠다. 중대한 임무를 띠다.

■ 띄다: 눈에 보이다, 간격을 뜨게 하다.
　　예 미소가 눈에 띄었다. 간격을 띄어 놓았다.

□ 마치다: 과정, 절차, 일등을 끝내다.
　　예 설거지를 마치다.

□ 맞히다: 정답 제시, 목표물에 맞게 하는 것.
　　예 시험문제를 맞히다. 화살을 과녁에 맞히다.

■ 막역하다: 허물이 없이 굉장히 친하다.
　　예 두 친구는 막역한 사이이다.

■ 막연하다: 희미하다, 뚜렷하지 못하다.
　　예 과제 할 생각에 막연하다. 사랑이 막연하다.

□ 반드시: 틀림없이 꼭.
　　예 그는 목표를 반드시 이뤄냈다.

□ 반듯이: 사물, 생각, 행동 등이 기울거나 굽지 아니하고 바르게.
　　예 허리를 반듯이 하였다.

- 받히다: '받다'의 피동사, 떠받히다.
  예 올해의 우승자를 떠받혔다.
- 받치다: 심리적 작용이 일다, 물체를 대다.
  예 악에 받치다. 화분 밑에 물받이를 받치다.
- 밭치다: '밭다'를 강조, 구멍이 뚫린 물건 위에 올려 물기를 빼다.
  예 채소를 체에 밭쳤다.

- 벌리다: 두 대상의 사이를 넓히거나 멀게 하다.
  예 좌석 간의 간격을 벌렸다.
- 벌이다: 일을 펼쳐 놓다, 건을 늘어놓다.
  예 축제를 벌이다. 온갖 물건들을 벌여 놓았다.

- 보전: 온전하도록 보호하고 유지함.
  예 국보 제1호 숭례문을 화재로부터 보전하지 못했다.
- 보존: 잘 보호하고 간수해서 남김.
  예 할머니의 유품을 잘 보존하였다.

- 부치다: 힘에 부치다. 편지를 부치다. 논과 밭을 부친다. 부침개를
  부친다. 안건에 부치다.
- 붙이다: 스티커를 붙이다. 흥정에 붙인다. 경호원을 붙이다. 취미를
  붙였다. 애칭을 붙이다.

- 붇다: 양이나 수효가 많아지다.
  예 운이 좋아 재산이 붇다.

■ 붓다: 부풀어 오르다. 액체를 다른 곳에 담다.

　(예) 얼굴이 붓다. 물을 병에 붓다.

□ 싸이다: 씌워져 가려지거나 막히다. '싸다'의 피동사.

　(예) 선물은 포장지에 싸여있었다.

□ 쌓이다: '쌓다'의 피동사. 겹쳐지다.

　(예) 먼지가 소복이 쌓였다.

■ 주요: 주되고 중요함.

　(예) 만화영화 뽀롱뽀롱 뽀로로에서 뽀로로는 주요 등장 캐릭터이다.

■ 중요: 소중하고 요긴함.

　(예) 우리나라의 중요 산업 중 하나는 반도체이다.

□ 지양: 어떠한 것을 하지 아니함.

　(예) 성적을 높이기 위해 게임을 지양하였다.

□ 지향: 어떤 정해진 목표로 향해서 나아감.

　(예) 우리는 평화 통일을 지향한다.

■ 안: '아니'의 준말이다.

　(예) 지각을 안 한다.

■ 않-: '아니하-'의 준말이다.

　(예) 공부하지 않았다.

□ 안치다: 찌거나 끓일 것을 솥이나 냄비 따위에 넣고 불 위에 올리다.

　예 밥을 안치다

□ 앉히다: 앉게 하는 것으로 '앉다'의 사동사

　예 손님을 의자에 앉히다.

■ 옷거리: 옷을 입은 매무새

　예 모델은 옷거리가 좋아서 뭘 입어도 멋져.

■ 옷걸이: 옷을 거는 기구

　예 집에 오면 외투는 옷걸이에 걸어야 한다.

□ 왠지: '왜 그런지'의 준말이다, 부사.

　예 왠지 모르게 불안한 기분이 들었다.

□ 웬: '어떠한', '어찌된'. 관형사.

　예 여기는 웬 일이니?

■ 이따가: 조금 지난 뒤.

　예 숙제는 이따가 해야지

■ 있다가: '있다'에 '-다가'가 붙어있는 형태

　예 마술사의 손에서 카드가 있다가 없어졌다.

□ 일절: '아주', '전혀', '절대로'와 같은 뜻.

　예 병원에서 흡연은 일절 금지

□ 일체: '전부'를 나타내는 것.

　예 대리인에게 관련 업무 일체를 위임하다.

■ 잇달아: 연달아서

　예 잇달아 문제가 발생했다.

■ 잇따라: 뒤를 이어 따르다

　예 부모님의 뒤를 잇따라 가업을 이었다.

□ 잊다: 기억하지 못하는 것.

　예 약속시간을 잊었다.

□ 잃다: 물건, 물체 등을 분실하다.

　예 시계를 잃어버렸다. 신뢰를 잃어버렸다.

■ 조리다: 식재료에 양념 등을 바짝 끓여 배어들게 하다.

　예 조림 요리로 고등어를 조리다.

■ 졸이다: 초조해하는 것. 물을 양을 줄이는 것.

　예 마음을 졸이다. 찌개나 한약을 졸이다.

□ 주리다: 먹지 못해 배를 곯다.

　예 주린 배를 부여잡았다.

□ 줄이다: 물체를 작게, 수나 분량을 적게 하다.

　예 바짓단을 줄였다. 인원을 줄이다.

■ 지그시: '슬며시'의 뜻

　예 악수할 때 손에 지그시 힘을 주었다. 눈이 지그시 감 잠겼다.

■ 지긋이: 나이가 비교적 많아 듬직하게.

　예 지긋이 나이가 든 중년 신사가 지나갔다.

□ 푼푼이: 한 푼씩 한 푼씩.

　예 푼푼이 저금했다.

□ 푼푼히: 모자라지 않게 넉넉히.

　예 밥을 푼푼히 펐다.

■ 폐해: 폐단으로 생기는 나쁜 일.

　예 간접흡연의 폐해는 심각한 문제이다.

■ 피해: 손해를 입음.

　예 사기를 당해 피해가 막심하다.

□ 하노라고: 자기 나름으로 한다고

　예 자기 딴엔 하노라고 만든 요리가 이 모양이다.

□ 하느라고: 하고 있는 일로 인하여

　예 게임을 하느라고 밤을 새웠다.

■ 한참: 시간이 상당하게 지나는 동안

　예 한참 동안 굶주렸다.

■ 한창: 가장 활기 있고 왕성할 때

　예 봄에는 딸기가 한창이다.

□ 해어지다: 닳고 떨어지다.

　예 소매 끝이 해어지다.

□ 헤어지다: 이별하는 것.

　예 연인과 헤어지다.

- 햇볕: 태양이 내리쬐는 기운.

  (예) 내리쬐는 햇볕에 몸도 마음도 따뜻해졌다.

- 햇빛: 태양의 빛

  (예) 햇빛이 강렬해 선글라스를 꼈다.

- 햇살: 햇빛. 태양에서 나오는 빛의 줄기.

  (예) 창문에 드리워진 햇살이 아름다웠다.

□ 홀몸: 형제나 배우자가 없는 혼자의 몸

  (예) 그는 결혼하지 않은 홀몸이다.

□ 홑몸: 아이를 배지 아니한 몸

  (예) 그녀는 홑몸이 아니어서 조심해야 한다.

- 혼돈: 정신적 가치가 뒤섞여 갈피를 잡을 수 없는 상태.

  (예) 나의 정체성이 혼돈스러웠다.

- 혼동: 뒤섞여서 생각하고 구별하지 못함.

  (예) 비몽사몽인 상태로 꿈과 현실을 혼동하였다.

⑧ 평가자라고 생각하고 공감할 수 있는 글을 써라

평가자가 무엇을 원할지 생각하라. 기본적으로 자기소개서는 지원자의 힘으로 완성하기를 원한다. 발문의 요지를 정확히 파악하고 적합한 내용을 기술하는 것을 중요하게 생각한다. 그 활동이 내게 어떤 의미를 지녔는지, 이를 통해 어떻게 내적 성장을 했는지 등의 내용을 보고 싶은 것이다.

공감하는 글의 이해를 돕기 위해 극단적 예시를 들어보겠다. 학습경험을 독창적 방법이 중요하다는 생각으로 "저는 거꾸로 서서 공부를 하면 졸음도 오지 않고 정신이 맑아져 학습의 효과가 좋다는 내용."이라고 한다면 독창적일 수는 있다. 그러나 누가 생각해도 공감할 수 없을 것이다. 이러한 관점을 고려해서 자신의 글을 평가자 입장에서 공감할지를 스스로 평가해보고 부적당하다면 수정해야 한다. 한 가지 더 1번 문항부터 3번 문항까지 작성할 때 3개의 문항을 별개로 작성하다 보면 앞 문항과 뒷 문항의 글의 일관성 부분에서 맥락이 맞지 않을 수 있다. 따라서 유기적으로 통일성 있게 작성해야 한다. 마지막으로 자기소개서는 진정성이 중요하다. 화려한 문장 위주로 작성하다 보면 진정성이 떨어질 수 있다. 또한 진정성 있고 편하게 자기소개서를 작성한다는 이유로 친구들에게 글을 쓰는 문구로 자기소개서를 쓴다면 좋지 않은 인상을 줄 수 있다. 평가자가 학생이 아니라 입학사정관 또는 대학교수라는 점을 명심해야 한다. 그렇다고 자신이 잘 모르는 아주 높은 수준의 단어나 어려운 한자성어 등을 사용하는 것은 오히려 공감하는 글에서 멀어질 수 있다.

9 체계적으로 작성된 자기소개서를 읽어보아라.

위에서 말한 1번~8번 항목을 충분히 고려한다고 해도 막상 글을 쓰려고 하면 쉽지 않을 것이다. 본서 chapter 4에 수록된 전공별 자기소개서 사례를 여러 편 읽다 보면 자신의 자기소개서를 어떻게 써야 할지의 방향이 생길 것이다. 특히 본인의 내용과 비슷한 자기소개서의 경우 형식만을 참고하고, 내용 면에서 유사도를 피할 수 있는 좋은 예시가 될 것이다. 또한 합격한 자기소개서라 하더라도 완벽한 것은 아니다. 따라서 본서의 전체적인 내용을 참고한다면 나만의 자기소개서를 작성하는데 큰 도움이 될 것이다. 이때 조심해야 할 것은 스토리텔링을 해야 한다는 생각이 머리에 있는 상태로 다른 사람의 글을 읽으면 내 이야기처럼 착각할 수 있는데, 절대로 하지 말아야 하는 일이다. 따라서 자기소개서 사례를 읽은 때는 형식, 서술 표현은 따라 해도 되지만, 내용은 참고만 해야 한다는 것을 명심해야 한다.

⑩ 본인의 자기소개서를 여러 번 읽어보고 수정하라.

자기소개서를 완성했다고 해서 끝이 아니다. 처음에 여러 가지 사항을 고려해서 작성하여도 다시 읽어보면 부족한 부분이 보일 것이다. 보이는 부족한 부분을 여러 번의 반복 작업에의해서 수정하면 된다. 이 작업은 무한 반복하는 것은 아니다. 수정하다 보면 어느 시점에 나름 만족하게 될 것이다. 그때까지만 수정하는 것이 좋다. 너무 많이 수정하다 보면 본질에서 벗어나는 경우가 생긴다. 본인의 자기소개서를 수정할 때 본서의 chapter 2와 chapter 3를 활용하면 많은 도움이 될 것이다. 본인의 능력을 키우는 것이 중요하기 때문에 책을 읽고도 어려움이 있는 학생은 전문가의 도움을 받는 것도 좋다.

Chapter 2

나만의
자기소개서
작성법

이 챕터는 대학 자기소개서 문항별 작성 방향성과 작성법에 대해 각각의 예시와 함께 실었다.

Ⅰ 1번 공통문항 작성법

1번 공통문항 📌

고등학교 재학 기간* 중 자신의 진로와 관련하여 어떤 노력을 해왔는지 본인에게 의미 있는 학습 경험과 교내 활동을 중심으로 기술해 주시기 바랍니다.

(띄어쓰기 포함 1,500자 이내)

＊검정고시 출신자는 중학교 졸업 후 고등학교 재학 기간에 준하는 기간의 경험 기술

자기소개서 1번 공통문항은 고등학교 재학기간 동안 지원자의 학교 활동의 성실성을 바탕으로 학업역량과 전공적합성을 평가하려는 문항이다. 대학 입학 후 얼마나 학습적으로 성장할 수 있을지 평가하기 위한 문항이다. 따라서 잠재적으로 성장할 수 있는 사례를 들어 작성하면 좋다. 또한 공부와 관련된 내용으로만 국한하여 작성하기보다는 본인의 진로와 학업을 연결한다면 더 좋은 답변이 될 수 있다.

'학업 역량'을 밝히고 증명하는 과정에서 학습 경험뿐 아니라 창의적 체험활동, 독서 등을 통해 어떻게 탐구력을 키웠는지, 다양한 대회에 참가하여 무엇을 배우고 느꼈는지를 쓰는 것도 좋을 것이다.

발문에 충실해야 한다. '고등학교 재학 기간'으로 제한된 점을 간과해서는 안 된다. 예로 '중학교'라는 낱말을 사용하면 내용과 상관없이 일단 '중학교'라는 낱말이 체크 될 수 있다. 따라서 불필요한 선입견을 줄 수 있는 소지가 있기 때문에 전달할 내용과 상관이 없는 문장은 지양하는 것이 좋다.

지원자의 학습경험을 통해 향후 지원자의 성장을 가늠할 수 있기 때문에 이 항목을 얼마나 구체적으로 쓸 수 있는가는 경험과 노력의 진실성을 보여줄 수 있다. 고등학생의 경험이 아주 특별하기는 어렵다. 따라서 노력의 지속성과 그 과정에서 문제점을 해결하면서 성장한 부분은 창의성이 될 수도 있고 연관된 교과에 대한 관심유발로 발전할 수도 있는 것이다. 이 모든 성장의 가능성을 얼마나 밀도 있게 경험했는지를 잘 보여주어야 한다.

학습경험의 소재는 '학습 능력'에 초점을 맞춰야 하는 항목이기에 생활기록부에서 제일 먼저 교과학습발달을 참고해서 작성하는 것이 좋을 것이다. 지원학과에 따라 연계되는 과목이나 활동을 활용하는 것도 좋다. 그러나 더 중요한 것은 지원자 개인의 학업발전성 또는 학업역량을 구체적으로 잘 표현할 수 있는 교과활동 또는 학습방법을 기준으로 작성하는 것이 유리하다. 다음과 같은 내용들을 표현한다면 더 좋은 평가를 받을 수 있을 것이다. 모든 학문은 그 원인이나 이유에 대한 질문으로부터 시작되기 때문에 원인 분석에 임하는 진지한 자세를 보이는 것도 중요하다. 또한 대학 입학 후 근면 성실함은 학문에 임하는 기본자세이고, 창의적인 문제 해결 능력은 학문 발전의 중요 토대이고, 지적인 호기심을 가지고 학문에 임하는 자세가 탐구의 시작이기 때문에 이러한 내용들을 표현하는 것이 중요하다.

'본인에게 의미가 있는'이라는 부분도 참으로 중요하다. 본인이 목표를 스스로 정하게 되면 그 목표를 향해 가는 과정에서 얻는 성장이 다르다. 또한 본인에게 의미가 있다는 것은 전공과 연결되거나 그 과정에서 더 열심히 노력하고 성장한 부분이 선명하게 제시될 내용일 것이다. 요즘 수시로 대학을 지원하는 학생들은 고등학교 입학시절부터 꿈이 확고한 경우가 많아서 소재가 참으로 다양하다. 그만큼 의미 있는 활동을 많이 하고 또한 활동 기간이 긴 학생이 더 성숙한 성장을 이룰 수 있기 때문에 의미가 있는 활동을 서술할 때 상당한 차이가 나타난다. 요약하자면 본인의 꿈을 이루기 위해서 의미 있게 활동한 것을 쓰고, 그에 따라 배운 점이나 성장한 점을 기술하면 된다.

지원자가 생각할 때 지속적으로 활동하면서 체화된 성장은 당연하다고 생각해서 옥석을 가리지 못하는 경우도 있다. 그래서 소재로 전공적합성과 관련된 활동과 학습경험에서 표현하지 못한 다른 학업의 기본 소양이나 자세를 기술하는 것이 좋다. 예를 제시한다면, 외국어 구사 능력, 토론 실력, 글쓰기, 예체능 등을 들 수 있다. 단, 여러 가지 활동을 단순 나열하는 것은 피해야 한다. 지원 대학의 인재상과 맞는 자신의 활동을 기술한다면 좀 더 좋은 결과를 기대할 수 있을 것이다.

⬚ 글자 수 분배

1번 공통문항은 학습경험과 교내활동을 주로 기술하는 것이지만 서두에 지원동기를 200자~300자 정도 기술하는 것도 좋다. 이때 1,500자 이내로 기술하여야 하기에, 지원동기 그리고 학습경험과 교내활동을 적절하게 분배하여야 한다. 지원동기를 200자~300자로 하였다면 학습경험과 교내활동을 600자~650자로 분배하면 된다. 물론 정확하게 글자 수를 맞추지 않고 근사치로 해도 무방하다. 만일 대학별 문항인 3번 문항에 지원동기를 기술하는 대학의 경우 학습경험과 교내활동을 각각 700자~800자로 분배하면 된다. 또 다른 방법으로는 3개의 단락으로 나누어 학습경험과 두 개의 교내활동을 기술하는 것도 방법이다. 학습활동을 600자~700자를 기술하고, 교내활동 두 개를 400자~450자에 기술하면 된다. 이때 조심해야 할 것은 적은 글자수 안에 구체적으로 표현하는 능력이 부족한 학생이라면 글을 쓰다 말게 되므로 학습경험과 교내활동을 각각 700자~800자로 분배하는 것이 좋다.

② 지원동기

지원 동기는 "지원자가 우리대학 우리학과에 왜 지원했는가?"에 대한 답변이라고 생각하면 된다. 평가자는 글을 읽고 지원동기의 진정성과 타당성을 평가하게 될 것이다. 따라서 전공에 대해 잘 이해하고, 지속적인 관심과 노력, 그리고 지원을 결심한 계기를 구체적으로 기술하면 된다. 또한 뒤에서 언급하는 대학별 자율문항의 3번 문항 '지원동기' 설명을 참조 바람.

▶ 지원동기 작성예시

저는 평소에 디저트와 카페 경영에 관심이 있어 한 달의 한 번씩 유명한 카페를 찾아가 디저트를 맛보곤 하였습니다. 그러던 중 연희동의 한 카페에서 처음 느껴보는 감성과 이국적인 분위기를 체험할 수 있었습니다. 작은 공간 안에서 지금까지 방문했던 카페와는 다른 이국적인 분위기가 풍기는 것이 신기했고 그때 느꼈던 색다른 감성은 제가 그다음 달에도 같은 곳을 방문하게 되는 이유가 되었습니다. 카페 경영은 사람들에게 개성적인 디저트와 공간 연출을 통해 감성이라는 체험을 제공해주는 일도 가능한 것이었습니다. 저는 사람들에게 저만의 감각과 감성으로 기분 좋은 추억을 선물하는 창업가가 되겠다는 목표가 생겼고 이를 위해서 경영학을 배워야겠다는 생각을 하게 되었습니다.

③ 학습경험

학습경험에서는 자기주도 학습 능력과 지적 호기심을 표현하는 것이 중요하다. 구체적 작성방법 두 가지를 제시한다. 첫째 자신의 학습경험을 통해 성장한 내용이다. 이 경우 부족한 교과의 원인을 찾고, 해결하기 위한 자신만의 학습법이나 창의적 활동으로 성장 발전한 내용을 구체적으로 기술해야 한다. 둘째 의미 있는 활동을 통해 성장한 학습경험과 지적 호기심 충족이다. 이 모두 생활기록부 학습영역과 연관된 경험을 활용하여 학업역량과 전공 적합성을 연결하여 작성한다. 학업에 기울인 노력과 지적 호기심이 표현되는 것이 좋다. 즉 자신의 활동에 대해 계획, 실천, 고민, 성장 등을 구체적으로 표현해야 한다. 이때 성적과 수상경력 등을 나열하면서 자신의 우수성만을 나타내는 것은 지양해야 한다.

▶ 학습경험 작성예시1

저만의 학습법을 찾아가는 과정을 통해 '공부에는 왕도가 없다.'라는 말의 의미를 깨닫게 되었습니다. 저는 영어 논술동아리에서 활동하면서 제가 쓴 에세이가 읽기 불편하고 어색하다는 지적을 많이 받았습니다. 해석하면 뜻은 맞지만 어딘가 어색한 부분이 존재했습니다. 무엇이 문제인지 고민하다가 다른 친구들의 에세이를 첨삭하는 과정에서 원인을 찾을 수 있었습니다. 글의 맥락과 어울리지 않는 어휘를 사용한 것이 글의 가독성을 떨어뜨려 부자연스럽게 느껴졌던 것입니다.

　어휘사용의 문제를 해결하기 위해서 어휘 분석노트를 만들었습니다. 영단어가 접두사, 어근, 접미사로 구성된다는 점에 착안하여 알기 쉬운 필수어근을 중심으로 단어목록을 만들었습니다. 필수어근이 어떤 문장에 사용되고 어떤 특징을 가지고 있는지를 파악하는데 집중하였습니다. 사전에서 예문을 찾아 꼼꼼히 분석해 뜻이 같은 단어와 비교하고 어감을 파악한 뒤 저만의 방법으로 이미지화하였습니다. 이렇게 하였더니 단어를 좀 더 쉽게 암기할 수 있었고, 어휘가 문장 속에서 확장된 뜻으로 쓰여도 적절히 해석할 수 있었습니다. 더 나아가 오페라의 유령 원서를 읽으면서 문맥 속에서 단어의 뉘앙스를 파악하는 연습을 하였습니다. 그 후 모르는 단어가 나와도 앞뒤 글의 맥락을 통해 그 단어의 의미를 유추해 나갈 수 있게 되었습니다. 이렇게 공부한 어휘력을 토대로 저는 영어 에세이대회에 참가하였고 선생님들께 좋은 평가를 받을 수 있었습니다. 저는 시행착오를 통해 제 자신이 성장되었다는 것을 알게 되었습니다.

▶ 학습경험 작성예시2

　생명과학을 배우게 된 3학년 1학기는 교과서의 학습활동 문제를 풀면서 공부하였습니다. '핵상과 핵형'같이 어려운 계산 단원은 생명과학 노트에 풀이과정을 적으며 이해했습니다. 하지만 계산만 하다 보니 이해하는 것에 한계가 있었습니다. 그러던 중 생명과학 선생님께서 DNA 모형의 젤리를 활용하여 개념을 설명하였고, 핵상의 개념을 쉽게 이해할 수 있었습니다. 이후 생명과학은 직접 눈으로 관찰하고 체험하며 배웠을 때, 훨씬 교육적 효과가 높은 과목임을 깨달았습니다.

　'생명과학과 진로 연계하기' 시간에 '혈액이 어떤 특성을 가지고, 순환계의 기관이 되었을까'를 주제로 모둠 실험을 준비하고 발표했습니다. 실험 전, 혈액과 관련해 심화된 내용을 알아보고자 '어린 과학자를 위한 피 이야기(김영주)'라는 책을 읽고 히포크라테스의 4액체설, 하비의 혈액 순환 이론 등을 배웠습니다. 혈장, 적혈구 등 혈액 구성 물질의 주요 용어는 마인드맵으로 정리했습니다. 또한 '키움 사이언스'라는 사이트를 활용하여 혈액의 특성 중 '체열의 분포를 균등하게 한다.'를 '열 생산이 많은 곳의 열을 다른 부분으로 옮겨 균형을 맞춘다.' 라는 문장으로 이해하기 쉽게 정리했습니다. 혈액은 신체에서 물질전달과 체온조절 등의 역할을 해서 순환계의 기관이 되었다는 것을 알았습니다. 이론 정리 후 실험 과정을 미리 연습하면서 혈액 구성 물질의 모형을 관찰하고, 그것의 명칭과 역할을 떠올렸습니다. 발표 내용을 학습한 후 '혈액 워터볼 만들기' 수업을 했습니다. 평소 생명과학 시간에 지루해하던 급우들이 직접 적혈구 모형을 워터볼에 넣어 관찰하는 적극적인 모습을 보았고, 직접 체험을 통해 얻는 배움의 효과가 큰 것을 알았습니다.

④ 교내활동

전공에 관련된 의미 있는 활동을 학교생활기록부 창의적 체험활동, 독서활동, 행동특성, 세부능력 특기사항 등과 연관된 지원자의 경험을 활용하여 작성하는 것이 좋다. 구체적 사례로 전공에 대한 관심과 노력 그리고 열정과 발전을 표현하면 된다. 우선 자신에게 어떠한 의미가 있는 활동인지 표현하는 것이 좋다. 활동내용을 구체적으로 기술하고, 그로 인해 성장 발전한 것을 표현하면 된다.

▶ 교내활동 작성예시1

창업동아리 운영은 저에게 리더로서 역할과 책임의 중요성을 일깨워준 소중한 활동이었습니다. 가장 기억에 남은 활동은 토의 활동이었습니다. 토의 활동은 탐구 주제에 대해 조사하는 데 그치지 않고, 이에 대한 각자의 생각을 표출할 수 있는 시간이었습니다. 하지만 의견을 모으며 절차에 따라 토의를 진행하는 것은 부장이라는 역할이 처음이었던 저에겐 부담되는 일이었습니다. 모두가 서로의 의견을 이해하고 수용할 수 있는 것은 아니었고, 그 과정에서 생긴 갈등은 저를 혼란스럽게 만들기도 했습니다. 저는 잠시 토의를 중단한 후 무엇이 토의를 어지럽게 하는지 신중히 고민했습니다. 그리고 문제는 제 미숙했던 진행과 각자의 능력을 헤아리지 못한 역할 분담이라는 결과를 얻어냈고, 부원들과 대화와 역할 조정을 통해 해결할 수 있었습니다. 더 나아가 문제의 해결책을 찾고 구성원들이 맡은 일을 순조롭게 진행해나갈 수 있도록 돕는 것도 경영 리더의 중요한 책임 중 하나라는 것을 깨달을 수 있었습니다. 또한 동아리의 경험을 통해 조직 활동에서의 경영과 운영은 혼자서 하는 것이 아니라 조직원과의 합의와 소통을 통해 이루어진다는 사실을 배웠습니다.

▶ 교내활동 작성예시2

처음에는 코딩교육을 긍정적으로 생각하지 않았습니다. 학교에서 코딩을 배우는 시간이 적기 때문에 코딩교육이 제대로 실행되고 있지 않다고 생각했기 때문입니다. 그래서 체험식이 아닌 강의식으로 코딩 교육이 이루어질 것이라 생각했습니다. 그러나 2학년 정보시간에 '앱 인벤터'에 대해 배우면서 코딩교육에 대한 생각이 바뀌었습니다. 수업시간에 알고리즘을 암기하는 것이 아닌 실제 프로그램을 배우며 앱을 만들었기 때문입니다. 수업에 흥미를 느껴 방과 후 시간에 직접 앱을 만들기 시작했습니다. 책 '앱 인벤터'를 읽고 어떻게 사물의 모양을 연달아 바꿀 수 있는지 찾아본 후 싫어하는 물건 사진을 한 번씩 탭 할 때마다 사진의 형태가 깨지도록 그림을 그려 표현했습니다. 게임을 하는 것뿐만 아니라 만드는 과정이 재미있었기에 학업 스트레스를 게임을 만들며 풀 수 있었습니다. 처음엔 프로그램 다루는 것을 어려워해 시도조차 하지 않았는데, 프로그래밍이라는 새로운 경험을 할 수 있게 해 준 코딩교육을 긍정적으로 생각하게 되었습니다. 코딩수업에 대해 더 알아보고 싶어 3학년 화법과 작문 시간에 '4차산업혁명과 코딩교육의 필요성'을 주제로 보고서를 작성했습니다. 세계의 코딩교육과 우리나라와의 비교조사를 통해 코딩교사교육과 코딩수업시간을 늘려야 효과적인 교육 시너지를 낼 수 있음을 배울 수 있었습니다. 코딩수업시간이 가장 많은 영국을 보며 시간과 배움의 양이 비례하다는 것을 느꼈습니다. 학교 코딩수업시간이 부족하기에 교사가 된다면 코딩교육시간 외에도 다른 교과목과 융합하는 교육을 통해 코딩을 다양한 과목에 적용시키는 방법을 가르쳐야겠다고 다짐했습니다.

2번 공통문항 📌

> 고등학교 재학 기간* 중 타인과 공동체를 위해 노력한 경험과 이를 통해 배운 점을 기술해 주시기 바랍니다.　(띄어쓰기 포함 800자 이내)
> *검정고시 출신자는 중학교 졸업 후 고등학교 재학 기간에 준하는 기간의 경험 기술

　자기소개서 2번 공통문항은 고등학교 재학기간 동안 지원자의 활동을 통해 개인적 품성과 인성 및 사회성을 평가하려는 문항이다. 2번 문항 역시 발문에 충실해야 한다. '고등학교 재학 기간'으로 제한된 점을 간과해서는 안 된다. 소재는 생활기록부의 모든 부분에서 찾을 수 있다. 활동소재도 중요하지만, 그보다 어떻게 노력하고, 경험이 무엇을 실천했는지가 더 중요하다. 그다음 '공동체를 위해 노력한 경험'이란 지원자가 공동체 생활에서 배려, 나눔, 협력, 갈등관리 등을 실천한 경험을 표현하는 것이 중요하다. 2번 문항에서 평가자들이 요구하는 것은 사회성, 관계성, 인성 등이다. 이때 조심해야 할 부분은 갈등이 해소되는 과정에 직접적인 영향을 미친 경우 많은 학생들이 영웅담에 가까울 정도로 기술하는 실수이다. 특히 모든 상황을 혼자 해결했다고 쓰는데, 이 경우 실제 배려, 협력, 나눔이 없는 글을 쓰게 된다. 지원자의 입장에서 소재 선택은 해결에 직접적인 영향을 미친 것을 선택할 수밖에 없다. 해결 과정에서 본인의 역량이 선명히 제시될 수 있게 기술해야 하는데, 자기자랑이 아닌 집단생활에서의 적응력과 친화력에 초점을 맞춰야 한다는 것이다. 그 과정에서 리더십이 나타난다면 더 좋을 것이다.

　2번 문항은 학생이 어떻게 협력하고, 나누고, 배려했는지 등을 혼자만의 경험이 아닌, 대인관계와 관련된 지원자의 인성을 파악하는 문항이

다. 학교생활을 하면서 본인이 경험한 사례 중 지원자의 생각이나 가치 관이 나타나는 내용을 자세히 표현하는 것도 중요하다.

또한 배려, 나눔, 책임감 등 보다 우선되는 인성의 덕목은 정직이다. 따라서 다른 학생들과 차별화하기 위해 있을 법한 내용을 꾸며서 허위로 작성하는 것은 금물이다. 단순한 이야기라도 지원자에게 중요한 사례였 다면 그것을 스토리텔링을 통해 진실성을 구체적으로 표현하는 것이 필 요하다. 또한 '배운 점을 기술'하라는 부분도 참으로 중요하다. 인성을 보 이기 위해 배려, 협력 등의 실천을 구체적으로 기술하고 배운 점이 없다 면 발문의 취지에 부족한 글이 된다. 반드시 배운 점을 잊지 말고 기술함 으로 발문에 충실한 글을 작성하기 바란다.

⨽ 글자 수 분배

2번 공통문항에서는 스토리텔링(Stroytelling)을 활용하는 것이 중요 하다. 스토리텔링은 이야기 구조가 갖는 힘을 활용해 메시지를 전달하는 기법이다. 좋은 스토리텔링을 위해서 많은 내용을 나열하기보다 평가자 가 알고자 하는 내용을 나만의 이야기로 풀어내는 것이 중요하다. 평가 자에게 생각을 강요하는 것이 아닌 공감 할 수 있게 하는 것이다. 2번 공 통문항은 800자 이내로 기술해야 하기에 서두 200자~300자에 공동체 활동의 배경과 상황을 기술하고, 그다음 300자~400자에 배려, 나눔, 협 력, 갈등관리 등을 실천한 경험을 표현하고, 마지막 100자~200자에 배 운 점을 기술하면 쉽게 작성할 수 있을 것이다. 물론 이렇게 분배하는 것 이 절대적인 것은 아니다. 지원자가 더 잘 표현할 수는 방법이 있다면 그 렇게 하는 것이 좋다.

▶ 2번 공통문항 예시1

평소 UCC 만들기에 관심이 있는 학우들과 팀을 구성해 문학 작품 UCC 만들기 대회에 참가하였습니다. 하지만 UCC 촬영은 생각보다 어려움이 많았습니다. 각자 역할의 비중이 달랐기에 다른 역할에 비해 분량이 많은 친구의 불만이 생겼고, 약속 시간을 제대로 지키지 않는 친구가 생기자 촬영 시간이 지체되어 오랜 기다림으로 모두들 힘든 상태가 되었습니다. 시간이 더 지나자 촬영을 그만하자는 얘기까지 나오기 시작했습니다. 저 또한 더운 날씨에 여러 명에게 기다림을 강요할 수도 없는 상황이었습니다. 그날의 촬영은 결국 중단되었고, 저는 약속 시간을 지키지 않은 친구에게 시간을 지키지 않으면 모두에게 피해가 갈 수 있다고 전해주었습니다. 그리고 그런 점 때문에 촬영이 제대로 이어지지 못했다고 이야기하면서 늦은 시간만큼 분량이 많은 친구의 촬영에 참여해주면 좋겠다고 설득했습니다. 저 또한 다른 친구들을 위해 유사시를 촬영하기 위한 소품을 대신 준비하고, 혼자 맡기 힘든 친구의 역할을 같이 해주기도 하였습니다. 그리고 편집의 대부분은 역할을 번갈아가면서 하는 것을 제안했습니다. 이를 통해 촬영을 진행하면서 생긴 어려움을 해결할 수 있었고, 여럿의 힘을 합치면서 UCC를 완성해나갈 수 있었습니다. UCC를 만들면서 힘든 과정이 있었지만 모두가 만족스러워할 만한 결과물을 얻을 수 있었고, 저는 관계와 의사소통이 하나의 목적을 이루는 데 큰 힘이 된다는 것을 깨달았습니다. 그리고 팀 활동에 대한 긍정적인 인식을 가지게 되면서, 팀 활동을 할 때 구성원들에 대한 배려와 협력의 중요성에 대해 깨닫게 되었습니다.

▶ 2번 공통문항 예시2

'귀로 듣지 말고 마음으로 들어라.'라는 말의 진정한 의미는 같은 반 지적장애인 친구의 수업 보조 봉사를 하면서 알 수 있었습니다. 수업 시간에 수행평가, 모둠 활동, 시험 범위 등을 알려주고 전반적인 학교생활을 도와주는 역할이었습니다. 소음에 민감했던 친구는 가끔씩 교실을 나갔습니다. 이유를 물으면서 친구의 속마음을 들으니 분위기는 한결 부드러워졌고 친구가 좋아하는 만화 속 장면을 언급하면서 교실의 특성을 설명했습니다. 교실은 여러 사람이 모여 지내는 공간이고 선생님도 수업을 하셔야 하기 때문에 소음이 발생할 수밖에 없다고 했습니다. 친구의 관심사로 예를 들어 설득하니까 훨씬 긍정적으로 수용했고, 교실로 돌아갈 수 있었습니다. 장애인 친구는 특수반 수업을 들어서 교실을 자주 옮겨 다녔는데, 반장 활동과 친구를 챙기는 것이 겹칠 때면 혼란스러웠습니다. 혼자서는 벅차다고 생각해 학급 토의에서 학급 구성원들 모두 복도나 화장실에서 그 친구를 보면 다음은 무슨 수업 시간인지 알려주고 같이 이동하자는 규칙을 만들었습니다. 반 친구들도 선뜻 돕겠다는 마음으로 동의했지만 친구들이 금방 잊어버리면서 학급 규칙은 자연스럽게 사라졌습니다. 규칙이 너무 광범위했다고 생각하고 출석부 순서대로 5명씩 조를 짜서 돌아가면서 그 친구를 챙기는 방식을 제안했습니다. 반 전체보다는 소수를 대상으로 역할을 분담하니 친구들이 더 책임감을 가지고 행동했습니다.

대화를 하면서 상대방이 들을 마음이 있고 준비가 되어있을 때, 의사소통이 원활하게 이루어진다는 것을 깨닫고 상대방의 입장이 되어 공감할 수 있는 대화를 이끌어나가는 법을 배웠습니다.

Ⅲ 3번 자율문항 작성법

2022~2023학년도 수시전형에서 대학별 자기소개서를 살펴보면, 고려대학, 서강대학, 한국외국어대학, 상명대학, 명지대학, 단국대학, 교육대학, 지방 국립대학 등이 폐지하였고, 가톨릭대학, 건국대학, 이화여대, 숙명여대, 덕성여대, 서울여대 등은 공통문항 두 문항만 요구한다.

대학별 자율문항인 3번 문항을 요구하는 대학들의 문항은 다음과 같다. 서울 소재 주요대학 위주로 분석하여 기술한 것에 대해 양해 바라며, 지원대학과 문항내용이 같거나, 유사한 대학을 참고한다면 자신만의 자기소개서를 충분히 작성할 수 있을 것이다.

경희대학교 자율문항 📌

해당 모집단위에 지원하게 된 동기와 준비과정에서 배운 점을 기술해 주시기 바랍니다. (띄어쓰기 포함 800자 이내)

국민대학교 자율문항 📌

전공 지원동기와 고등학교 재학 기간 중 지원 분야의 진로탐색을 위해 도전한 경험에 대해 기술해 주시기 바랍니다. (띄어쓰기 포함 800자 이내)

광운대학교 자율문항 📌

지원 전공을 선택한 이유와 대학 입학 후 학업 및 진로계획에 대해 기술해 주시기 바랍니다. (띄어쓰기 포함 800자 이내)

동국대학교 자율문항 📌

고등학교 활동 중 전공준비를 위해 노력한 과정을 바탕으로 지원한 동기를 기술해 주시기 바랍니다. (띄어쓰기 포함 800자 이내)

서울대학교 자율문항 📌

고등학교 재학 기간(또는 최근 3년간)읽었던 책 중 자신에게 가장 큰 영향을 준 책 2권을 선정하고 그 이유를 기술하여 주십시오.

(띄어쓰기 포함 800자 이내)

▶ '선정 이유'는 각 도서별로 띄어쓰기를 포함하여 400자 이내로 작성
▶ '선정 이유'는 단순한 내용 요약이나 감상이 아니라, 읽게 된 계기, 책에 대한 평가, 자신에게 준 영향을 중심으로 기술

선정 도서		선정 이유
도 서 명		
저자/역자		
출 판 사		
도 서 명		
저자/역자		
출 판 사		

서울시립대학교 자율문항 📌

지원동기와 향후 진로계획에 대해 구체적으로 기술해 주시기 바랍니다.

(띄어쓰기 포함 800자 이내)

성균관대학교 자율문항 📌

성균관대학교와 해당모집단위에 지원하게 된 동기와 관련하여 본인의 노력을 구체적으로 기술하여 주시기 바랍니다. (띄어쓰기 포함 800자 이내)

성신여자대학교 자율문항 📌

해당 모집단위를 지원하게 된 동기와 대학 입학 후 학업 또는 진로 계획에 대해 기술해 주시기 바랍니다. (띄어쓰기 포함 800자 이내)

숭실대학교 자율문항 📌

지원 동기와 대학 입학 후 학업 계획 및 향후 진로계획에 대해 기술해 주시기 바랍니다. (띄어쓰기 포함 800자 이내)

연세대학교 자율문항 📌

[서울캠퍼스] 해당 모집단위에 지원하게 된 동기와 지원하기 위해 노력한 과정을 구체적으로 기술하시오.(대학 개별 문항)

(띄어쓰기 포함 800자 이내)

[미래캠퍼스] 해당 모집단위에 지원하게 된 동기와 이를 위해 노력한 과정, 그리고 장래 계획에 대하여 구체적으로 기술해 주시기 바랍니다.

(띄어쓰기 포함 800자 이내)

중앙대학교 자율문항 📌

추가적으로 학교생활기록부 기재 내용* 중 지원자의 우수성을 보여줄 수 있는 사례에 대해서 기술해 주시기 바랍니다.

(띄어쓰기 포함 800자 이내)

*검정고시 및 외국고교 출신자의 경우, 제출서류를 통해 확인할 수 있는 경험 기술

홍익대학교 자율문항 📌

해당 모집단위에 지원하게 된 동기와 지원하기 위해 노력한 과정을 구체적으로 기술하시오.(대학 개별 문항) (띄어쓰기 포함 800자 이내)

대학 자율문항인 3번 문항은 대학에 따라 차이가 있다. 서울대학은 지원자에게 영향을 준 책 2권을, 중앙대학은 지원자의 우수성을 묻는다. 그 외의 대학들은 전공을 지원한 동기와 노력한 과정 또는 향후 학업 및 진

로 계획을 묻고 있다. 발문의 내용도 중요하지만 대학마다 요구하는 교육의 목표에 준하는 인재에 맞추어 작성하는 것도 매우 중요하다.

우선 책을 선정할 때 자신을 성장시킨 책으로 지원학과와 관련되면서 나의 성향을 잘 드러낼 수 있는 책이 좋다. 또한 나의 문학적 소양도 함께 보여 줄 수 있는 책이라면 더욱 좋을 것이다. 물론 생활기록부 독서활동에 기록된 책 중에서 선정하는 것이 좋다. '선정 이유'는 단순한 내용 요약이나 감상이 아니라, 읽게 된 계기, 책에 대한 평가, 자신에게 준 영향을 중심으로 기술하는 것이 좋다. 즉 독서활동을 통해서 지원자의 품성이나 가치관이 지원학과에 어떠한 강점을 갖고 있는지 채점관이 느낄 수 있도록 서술해야 한다. 그러기 위해서 구체적인 책의 내용을 통해서 지원자가 좋은 영향을 받았던 부분을 제시하게 될 것이다. 이때 400자 이내로 기술해야 하기에 책을 왜 읽게 되었는지를 간략하게 기술하는 것이 필요하다. 필요 이상으로 구체적으로 나타낼 필요는 없다. 책의 내용은 전반적인 줄거리를 제시할 필요는 없지만 어떤 종류의 책인지는 제시할 필요가 있다. 그리고 지원자가 이 문항에서 보여주고 싶은 품성이나 가치관이 형성되도록 도와준 책의 내용을 서술해 주어야 한다. 이어서 책의 그 부분에서 지원자는 무엇을 느낄 수 있었고 어떠한 가치관이 형성되었는지 보여주는 것이 좋다.

▶ 지원자에게 영향을 준 책 예시1

선정 도서		선정 이유
도 서 명	수레바퀴 아래서	인문학 아카데미에서 박종대 번역가님의 강연과 함께 행복하게 살기 위해서는 미래를 준비해야 할까 현재를 즐겨야 할까 라는 고민을 통해 삶의 가치관을 심어준 책입니다. 좋아하는 일도 포기하고 신학교에 진학했지만 적응하지 못하고 비극적으로 생을 마감한 한스처럼 열심히 살더라도 결국 수레바퀴 아래에 깔리게 될까 두려웠습니다. 하지만 번역가님께서 알려주신 '생명이란 대드는 것이다.'를 곰곰이 생각해보며 고민을 해결 할 수 있었습니다. 우선 주변 상황에 흔들리지 않고, 제가 원하는 것을 알고 소신을 지켜가며 자아를 형성해야겠다고 생각했습니다. 그리고 원하는 것을 기반으로 목표를 설정해 노력한다면 과정인 현재도 즐기고 미래도 준비하여 행복한 삶을 살 수 있다고 생각했습니다.
저자/역자	헤르만 헤세	
출 판 사	사계절	

선정 도서		선정 이유
도 서 명	정의론과 덕윤리	종종 우리는 교육의 부재 때문에 올바른 일을 하지 않는 것인가에 대해 늘 의문을 가졌습니다. 책을 읽고 정의의 실현을 위해서는 덕윤리 실천 교육의 중요성을 알 수 있었습니다. 2014년의 가슴 아팠던 사건에서 우리 사회는 무엇이 옳은지 알고 있으나 매뉴얼을 지키려는 의지가 체득되지 않아 안전 불감증이 만연하게 되었다는 글에서 깊이 공감하였습니다. 덕 윤리를 통한 정의의 실천이라는 명제를 교육적인 관점으로 접근하여 미래세대에 도덕적 용기를 체득할 수 있도록 돕는 것이 윤리교사의 과제임을 깨달았습니다. 최소 수혜자에게 최대이익을 주자는 롤스의 주장을 읽고 '누진제'와 같은 약자에게 유리한 정책을 시행하여 실질적 평등을 실현하되 역차별의 문제가 생기지 않도록 보완하는 사회 제도의 필요성도 알 수 있었습니다.
저자/역자	황경식	
출 판 사	아카넷	

② 중앙대학교 자율문항 : 지원자의 우수성을 보여줄 수 있는 사례

자신이 활동한 내용 중에서 1,2번에 표현되지 않은 활동 중심으로 하는 것이 좋다. 학교생활기록부 기재 내용 중 본인의 꿈을 이루는데, 영향을 준 활동을 기술하는 것이 중요하다. 1번 문항 교내활동 작성법을 참고하여 작성하면 도움이 될 것이다. 가장 중요한 것은 지원학과 예비전공자로서 잠재능력을 표현하는 것이다. 800자 이내로 기술해야 하기에 자신의 글 작성 능력에 따라 하나 또는 두 개의 소재를 선정하여 작성할 수 있다. 이때 조심해야 하는 것은 자기자랑이 되어서는 안 된다. 겸손하게 표현하면서 자신의 우수성을 보이는 것이 중요하다. 반드시 기억해야 할 점은 평가자가 공감할 수 있게 기술해야 한다는 것이다.

▶ 지원자의 우수성을 보여줄 수 있는 사례 예시1

외교관이 꿈인 저의 입장에서 영어말하기 대회는 사람들 앞에서 말하는 능력이 부족했던 저를 한 층 더 발전시켜준 기회였습니다. 평소에 영어는 자신 있는 과목이기에 내용을 준비하는 것은 어렵지 않았습니다. 대회에 나가 발표하는 두려움을 극복하고자 했으나 긴장감은 쉽게 누그러지지 않았고, 결국 제 발표는 실패로 끝나 큰 좌절감에 빠져있었습니다. 그러나 대회가 끝난 후 선생님께서 제 속도가 너무 빨라 청중들에게 말하고자 하는 내용이 잘 전달되지 못했고, 더 큰 소리로 발표했으면 좋았을 거라는 조언을 해주셨습니다. 저는 그 후 발표시간마다 큰 소리로 말하기 위해 노력했고, 퀴즈 시간에도 먼저 손을 들고 일어나 말하는 것에 익숙해지려 했습니다. 저는 친구들과 가족들 앞에서도 속도를 유지하고 말하는 연습을 하면서 영어말

하기 대회에 다시 도전했습니다. 주제는 '공정한 사회'로 저는 능력주의가 진정으로 공정하다고 생각 할 수 있는가? 의문으로 시작하여 빈부의 차이, 기회의 차이가 능력의 차이로 나타난다면 이는 공정한 사회는 아니라고 생각한다는 내용으로 여러 예시를 찾아가며 내용을 숙지하였습니다. 특히 외국 사례를 영어원문으로 읽고 분석하면서 영어실력도 키울 수 있었습니다. 전과 달리 내용도 충실하게 준비하고, 또 반복해서 확인하고 연습했습니다. 예전보다 큰 소리와 안정적인 속도로 발표를 할 수 있었고, 전년보다 더 나은 발표로 내용을 효과적으로 전달할 수 있었습니다. 이를 통해 사람들 앞에 나서는 자신감을 얻었고, 이는 제가 영어발표를 할 때 적극적으로 나서는 원동력이 되었습니다.

▶ 지원자의 우수성을 보여줄 수 있는 사례 예시2

학생들이 자유로운 분위기 속에서 창의적으로 의견을 제시할 수 있도록 돕고, 그들의 다양한 생각을 포용하는 국어교사가 되고 싶습니다. 3년간 봉사한 지역아동센터에서 아이들이 '정답을 찾는 교육'에 길들여져 있는 것을 관찰할 수 있었습니다. 정답이 아니면 자신들의 의견이 틀렸다며, 자유롭게 말하지 못하는 아이들을 보았습니다. 아이들이 정답만 원하는 마음을 이해했고, 아이들을 위해 창의적이고 자유로운 수업을 만드는 교사가 되고 싶다는 생각을 하였습니다. 프리스피치 시간을 만들어 아이들이 책을 읽고 난 뒤 그 책에서 느껴지는 분위기부터 자신이 주인공이 된다면 어떻게 할지 등 생각나는 대로 말하는 연습을 하게 했습니다. 모든 수업 시간에 자신의 생각을 거리낌 없이 창의적으로 표현하는 아이들을 보며, 적극적으로 참여하도록 하는 수업이 필요함을 알게 되었습니다. 이런 경험을 통해 쌓아온 '창의적 사고'를 '우리반 b컷' 학급 영상 프로젝트 때 활용했습니다. 영화감독의 역할을 맡아 학생들의 의견을 들어보니, 학생들이 주인공이 되는 영상, 브랜드 물품이 많이 등장하는 영상 등 다양한 아이디어가 있었습니다. 학생들의 개성에 따른 의견은 모두 중요하다고 생각했기에 최대한 모든 학생들의 의견을 존중하며 받아들일 수 있는 방안을 고민했습니다. 국어 시간 'DDP 건물의 구조'라는 건축 관련 지문을 학습하기 위해, 돔 모형의 원리와 같은 과학적 지식부터 건물 외관의 예술적 특징까지 연관시켰던 창의적 사고를 떠올렸습니다. 하나를 선택하기 위해 나머지를 버려야 한다는 고정관념을 깨고 개인별로 촬영한 영상을 합쳐 모두의 의견을 수용한 옴니버스 영화를 만들 수 있었습니다.

'지원 동기'는 지원학과에 왜 지원하게 됐는지, 어떤 영향 받았는지, 또 환경의 영향을 엮어서 기술하여도 된다. 이때 가장 중요한 것은 지원 대학 전공특성에 대해 정확하게 이해하는 것이다. '노력한 과정'은 생활기록부에 있는 내용 중 어려웠던 활동중심으로 어떻게 그 문제를 해결하였는지를 초점으로 기술하는 것이 좋다. 800자 이내로 기술해야 하기에 지원동기와 노력과정을 각각 400자 정도로 글자 수를 분배하는 것이 무난하다. 지원동기를 쓸 때 단순히 미래 직업을 위해 전공을 선택했다는 스토리 보다는 지원학과의 관심과 진로에 대한 고민 등을 토대로 선택하게 된 계기를 함께 표현하는 것이 중요하다. 만일 진로희망이 변경된 경우 꿈이 바뀐 이유와 노력한 점에 대해 공감할 수 있게 설명하는 것이 필요하다.

▶ 전공 지원동기와 지원하기 위해 노력한 과정 예시1

초등학교 시절 담임 선생님을 보면서 학생들의 삶에 큰 영향을 미치는 교사라는 직업의 가치를 깨닫고, 교사가 되는 것을 꿈꿨습니다. 그리고 초등학교 영어 선생님께서 매 수업 시간 팝송을 들려주시고, 한 학기에 두 번 영어 애니메이션을 보여주신 덕분에 자연스레 영어에 흥미를 느끼게 되었습니다. 이러한 경험을 공유하고자 고등학교 1학년 때, 영어 교육 봉사동아리에 가입하여 매달 아동센터에 방문해 아이들을 대상으로 영어를 가르쳐주는 활동을 했습니다. 아이들이 어리다 보니 영어와 여러 활동을 함께하면서 영어에 대한 흥미를 높여주는 것에 초점을 두었습니다. 처음에는 영어를 제대로 가르치지 못하는 것 같아 활동의 방향을 바꿔보려 했으나 즐거워하는 아이들을 보면서 영어를 쉽고 재밌게 접할 수 있도록 하는 영어교사의 꿈을 다지게 되었습니다.

선생님의 추천으로 "EBS 다큐프라임 "4차산업혁명시대 교육대혁명"을 시청하게 되었습니다. 이 다큐멘터리를 통해 처음으로 하브루타 수업과 IB수업, 네덜란드의 스티브잡스 스쿨 등 다양한 수업방식과 혁신적 교육과정을 가진 학교들을 접하였습니다. 이에 관심을 가지고 유튜브를 통해 "Do Schools Kill Creativity?"라는 TED 강의를 들었습니다. 강의를 들으면서 교사의 역할이 교육과 학생들에게 큰 영향을 미친다는 것을 알았고, 책임감과 사명감이 무엇인지 알게 되었습니다. 또, STEAM 수업을 만들어 발표했고, 영어 능력을 향상시키기 위해 영미 문화에 대해 공부하였습니다. 영어와 다양한 활동을 통해 가르치는 경험을 쌓았고, 교사의 역할을 미리 체험해보는 노력을 하였습니다.

▶ 전공 지원동기와 지원하기 위해 노력한 과정 예시2

다양한 교육과정에 관심이 있어 마을결합형교육과정이 무엇인지 직접 경험하고자 학교에서 실시한 마을 연계 심신수련요가 반을 수강했습니다. 교내에는 요가강사가 없었기에 마을 연계 수업을 통해 외부 강사를 초빙하여 학생들이 요가를 배울 수 있었습니다. 학교에서는 해결할 수 없는 문제를 마을 연계 수업을 통해 해결함으로써 마을과 학교는 하나의 유기체라는 것을 깨달았습니다. 또한 이러한 교육과정을 통해 학교를 평생학습의 장으로 만들어 평생학습사회, 지식기반사회에 걸맞은 교육환경을 조성해야함을 배웠습니다. 평소지, 덕, 체의 균형 잡힌 교육이 중요하다고 생각한 저는 그에 맞은 학습 환경을 제공하는 것이 지식전달에 치우친 교육을 개선할 수 있는 방안이라 생각했습니다. 따라서 학습자 중심의 다양한 수업모형을 배우고 연구하는 교육전문가가 되고자 교육학과에 지원하게 되었습니다.

교육전문가는 다양한 교수학습법을 접해야 한다고 생각해 2학년 때 '학습자 중심의 수업 모형과 적용 사례'라는 주제로 주제탐구대회에 참가했습니다. 신문 활용 교육(NIE), 거꾸로 수업, PBL, MOOC 등의 효과와 적용 사례를 탐구했습니다. 그중 선진국의 PBL교육으로 미국의 모건힐 학교의 수업사례를 탐구 발표 하였고, 이를 활용한 수행평가 시간에 '일제강점기 속 저항시인들'이라는 주제로 다양한 방식으로 시인과 문학작품을 표현했습니다. 협동을 통해 학습내용을 창의적으로 구성하는 친구들의 모습을 보며 학습자들에게 문제해결과 협동학습의 기회를 제공하는 수업모형을 개발할 필요성을 더욱 느낄 수 있었습니다.

④ 다수대학 자율문항 : 대학 입학 후 학업 또는 진로 계획

이 문항은 보통 지원동기와 함께 묻는 문항으로 지원동기를 300자~400자, 미래 계획을 400자~500자 정도로 글자 수를 분배하는 것이 좋다. '대학 입학 후 학업 또는 진로 계획' 작성은 본인의 꿈을 이루기 위해서 대학에 입학해서 무엇을 어떻게 노력할 것인지를 구체적으로 기술하는 것이 좋다. 향후 진로 계획도 역시 본인의 꿈을 연계하여 작성하여야 한다. 즉 대학 재학 중 자기계발 계획을 기반으로 한 자신만의 학업계획을 쓰고, 대학 졸업 후 장래희망과 자신의 인생 목표를 구체적으로 작성한다. 이때 대학원 진학의 꿈이 있다면 무엇을 어떻게 연구할 것인지에 대해 구체적으로 작성하는 것이 좋다. 이렇게 이야기를 해도 수험생 입장에서 막상 작성하는 것이 어려울 수 있다. 그렇다면 '육하원칙'에 의해 글을 작성하고 문맥을 다듬는다면 가능할 것이다.

▶ 대학 입학 후 학업 또는 진로 계획 예시1

교육학과에 입학하게 된다면 먼저 전공 심화과목인 교육연구법을 심화학습 하여 저의 교수법 연구를 적용한 교육 환경을 만들어보고 싶습니다. 이를 위해 고교 시절부터 꾸준히 해오던 푸른 꿈 아동복지센터에서의 봉사활동에 제가 학습한 다양한 교수법을 적용해 볼 계획입니다. 교육 현장 적용은 이론만으로는 얻을 수 없는 경험과 지식을 얻을 수 있기 때문입니다. 또한 교육학과 소모임을 만들어 친구들과 교육제도의 개선과 교육시스템의 혁신 방향에 대해 함께 토론하고 연구해보고 싶습니다. 4년간의 학부 과정을 마친 후에는 대학원 과정에 진학할 것입니다. 교육의 방향에 대해 이론적으로 탐구하고

실제로 교육시스템의 방향을 바람직하게 만들어보고 싶기 때문입니다. 이러한 과정에서 얻은 깨달음으로 학생들이 교육을 통해 행복한 삶을 만들어 나갈 수 있도록 도와주는 교육연구원으로 성장하기 위해 노력할 것입니다.

▶ 대학 입학 후 학업 또는 진로 계획 예시2

　화학공학과에 입학해서 섬유고분자를 공부하고 싶습니다. 우선 유기화학의 지식을 바탕으로 하여 섬유와 화학의 공정을 위한 실질적인 실험경험이 기반이 되어야 한다고 생각합니다. 섬유고분자실험으로 고분자화학의 이해를 통해 공학화학실험까지 폭넓게 공부하여 연구원으로서의 소양을 다질 것입니다. 졸업 후 대학원에 진학해서는 산업섬유소재에 대해 심도 있는 공부를 하며 섬유표면개질가공과 산업섬유고분자재료에 대한 연구를 하고 싶습니다. 저의 고분자물질에 대한 관심은 ○○대학교 화학공학과에서 공부한다면 극대화되어 고분자물질의 화학결합의 발견으로 새로운 섬유소재를 만드는 전문적인 연구원이 될 것이라고 생각합니다. 산업가치가 높은 첨단 섬유소재를 개발하여 공정을 위한 끊임없는 연구를 통해 창의력을 발휘하는 능동적인 연구원이 되고 싶습니다.

Chapter 3

대학
자기소개서
영역별
예문 첨삭과
수정

이 챕터는 8개 영역에 대해 학생들이 직접 작성한 글을 게재하고 김완선생님의 첨삭에 따라 학생 스스로 수정한 24개의 예문을 실었다.

Ⅰ 노력한 의미 있는 학습경험

Ⅰ-① 학생의 초안

저는 공부를 하면서 사교육을 접해본 적이 없습니다. 혼자서 하기는 가장 힘들었던 과목은 수학이었습니다. 특히 순열과 조합을 배울 때 많은 문제를 풀어도 실력이 나아지지 않았습니다. 중복해서 수를 세거나 세지 않거나 해서 답이 조금씩 빗나갔습니다. 문제를 파악하지 않은 체 공식만 대입해서 푸는 공부법이 문제가 있음을 인지했습니다. 이러한 문제점을 해결하기 위해 먼저 수학문제를 풀 때 문제 속 상황에 들어간다고 상상하였습니다. 순열 문제는 여학생, 남학생이 번갈아 일렬로 서 있는 상황을 떠올리며 문제를 적용한 다음 개념에 맞춰 풀었습니다. 이러한 방법을 통해 문제의 의도를 파악할 수 있었고 공식만 대입해서 문제를 풀었던 습관을 고칠 수 있었습니다. 한 문제를 풀 때 문제의 조건들을 덧붙여가며 새로운 문제를 만들었습니다. 한 문제에서 확장된 문제들을 보았을 때 유형별 차이점을 익힐 수 있었습니다. 또한 흥미를 가지고 공부를 할 때 학습의 효과가 더 크다는 것을 깨달아 '미적분을 활용한 기상예보'를 통해 수학의 흥미를 끄는 방안을 실천했습니다. 이를 위해 대기의 변화를 유체역학의 법칙을 사용하여 미분방정식을 풀어 날씨를 예측해보기도 하였습니다.

　그리고 기상예측은 농경생활의 필수 요인이기 때문에 기상청이 없었던 과거 사람들은 직접 미분하여 기상 예측을 하였다는 것을 알게 되면서, 수학과 인문학의 연결고리를 깨달아 수학에 더 흥미 생기게 되었습니다.

선생님의 첨삭

　저는 공부를 하면서 사교육을 접해본 적이 ❶없습니다. 혼자서 하기는 가장 힘들었던 과목은 수학이었습니다.

❶공부를 하면서 어떤 점이 어려운지 앞 뒤 문장이 내용상 연결될 수 있도록 작성해주세요.

　특히 순열과 조합을 배울 때 많은 문제를 풀어도 실력이 나아지지 않았습니다. 중복해서 수를 세거나, 세지 않거나 해서 답이 조금씩 빗나갔습니다. ❷문제를 파악하지 않은 체 공식만 대입해서 푸는 공부법이 문제가 있다는 것을 인지했습니다.

❷앞 문장에서 발생한 문제에(수학 실력이 향상되지 않는 것) 대한 원인이 무엇 때문인지 스스로 찾아가는 과정을 보여주세요. 채점관이 내용을 명확하게 이해할 수 있도록 주술 호응 구조를 생각해서 서술어를 바꿔주세요.

　이러한 문제점을 해결하기 위해 먼저 수학문제를 풀 때 문제 속 상황에 들어간다고 상상하였습니다. 순열 문제는 여학생, 남학생이 번갈아 일렬로 서 있는 상황을 떠올리며 문제를 적용한 다음 개념에 맞춰 풀었습니다. 이러한 방법을 통해 문제의 의도를 파악할 수 있었고, 공식만 대입해서 문제를 풀었던 습관을 고칠 수 있었습니다. ❸한 문제를 풀 때 문제의 조건들을 덧붙여가며 새로운 문제를 만들었습니다. 한 문제에서 확장된 문제들을 보았을 때 유형별 차이점을 익힐 수 있었습니다.

❸지원자가 깨달은 공부 방법을 스스로 어떻게 확장시켜서 공부했는지 앞 뒤 문장이 서로 연계가 되도록 작성해주세요. 문제를 직접 만들어 본 것과 문제를 보고 유형별 차이를 익혔다는 내용 의미상 연계가 매끄럽지 않습니다.

❹또한 흥미를 가지고 공부를 할 때 학습의 효과가 더 크다는 것을 깨달아 '미적분을 활용한 기상예보'를 통해 수학의 흥미를 끄는 방안을 실천했습니다.

❹ 문장에서 나타내고자 하는 바가 불명확합니다. 흥미를 끄는 방안을 실천한 것 보다 일상생활에 적용하는 수학을 통해 스스로 수학과목에 동기를 유발하도록 노력했다는 의미가 반영되어야 할 것으로 보여집니다.

이를 위해 대기의 변화를 유체역학의 법칙을 사용하여 미분방정식을 풀어 날씨를 예측해보기도 하였습니다. 그리고 기상예측은 농경생활의 필수 요인이기 때문에 기상청이 없었던 과거 사람들은 직접 미분하여 기상 예측을 하였다는 것을 알게 되면서, 수학과 인문학의 연결고리를 깨달아 수학에 더 흥미 생기게 되었습니다.

저는 공부를 하면서 사교육을 접해본 적이 ❶없어 혼자 공부를 할 때 수학과목 공부가 가장 힘들었습니다. 특히 순열과 조합을 배울 때 많은 문제를 풀어도 실력이 나아지지 않았습니다. 중복해서 수를 세거나, 세지 않거나 해서 답이 조금씩 빗나갔습니다. ❷원인을 스스로 분석해 본 결과 문제를 제대로 파악하지 않고 공식만 대입해서 푸는 공부법에 문제가 있다는 것을 깨닫게 되었습니다. 이러한 문제점을 해결하기 위해 먼저 수학문제를 풀 때 문제 속 상황에 들어간다고 상상하였습니다. 순열 문제는 여학생, 남학생이 번갈아 일렬로 서 있는 상황을 떠올리며 문제를 적용한 다음 개념에 맞춰 풀었습니다. 이러한 방법을 통해 문제의 의도를 파악할 수 있었고, 공식만 대입해서 문제를 풀었던 습관을 고칠 수 있었습니다. ❸더 나아가 문제만 풀기보단 문제의 조건들을 결합하여 문제를 직접 만들어 보면서 문제 유형에 따른 차이를 찾기 위해 노력하였습니다. ❹또한 수학을 일상생활에 적용해보면서 수학과목에 스스로 동기를 유발하고자 노력하였습니다. 이를 위해 대기의 변화를 유체역학의 법칙을 사용하여 미분방정식을 풀어 날씨를 예측해보기도 하였습니다. 그리고 기상예측은 농경생활의 필수 요인이기 때문에 기상청이 없었던 과거 사람들은 직접 미분하여 기상 예측을 하였다는 것을 알게 되면서, 수학과 인문학의 연결고리를 깨달아 수학에 더 흥미 생기게 되었습니다.

I − ② 학생의 초안

저는 국어 공부를 감에 의존하며 풀었기에 누군가 설명을 요청하면 잘 모르겠다고 대답하는 경우가 대부분이었습니다. 하지만 예전에 들었던 '설명할 수 없다면 이해한 것이 아니다.'라는 말이 생각나 누군가 혹은 나 자신에게라도 설명을 할 수 있도록 분위기를 알 수 있는 단어, 중심소재, 시어들 간의 관계 등을 꼼꼼히 표시하기 시작했습니다. 처음엔 시간도 오래 걸렸고 중요하지만 찾지 못하는 부분도 있었습니다. 하지만 문학작품들을 혼자서 미리 분석하고 수업시간에 선생님의 분석과 제 자신의 분석을 비교하는 것을 반복하자 놓치는 부분들이 눈에 띄게 줄었고 결국 3학년 1학기 때엔 다시 원 성적으로 복귀할 수 있었습니다. 이러한 일을 겪고 난 이후 영어를 공부하던 중 지금의 방식으로 공부를 한다면 국어와 같은 결말을 맺을 수 있을 것이라는 생각이 들었습니다. 그렇기에 국어를 공부하며 얻은 방식을 적용해보기로 했습니다. 처음에는 어떻게 적용해야 할지 갈피가 잡히지 않았지만 이내 분위기를 파악하며 읽기 시작했습니다. 그러자 글의 흐름을 보다 빠르게 파악할 수 있었고 특히나 문맥상 알맞은 낱말을 집어넣어야 하는 문제를 수월히 풀 수 있게 되었습니다.

선생님의 첨삭

❶저는 국어 공부를 감에 의존하며 풀었기에 누군가 설명을 요청하면 잘 모르겠다고 대답하는 경우가 대부분이었습니다. 하지만 예전에 들었던 '설명할 수 없다면 이해한 것이 아니다.'라는 말이 생각나 누군가 혹은

나 자신에게라도 설명을 할 수 있도록 분위기를 알 수 있는 단어, 중심소재, 시어들 간의 관계 등을 꼼꼼히 표시하기 시작했습니다.

❶ 문장이 어색합니다. '하지만 예전에 들었던 '설명할 수 없다면 이해한 것이 아니다.'라는 말이 생각났습니다. 설명을 할 수 있을 정도로 작품을 이해하기 위해 단어, 중심소재, 시어들 간의 관계 등을 꼼꼼히 표시해 보았습니다.'로 수정해주세요.

처음엔 시간도 오래 걸렸고 ❷중요하지만 찾지 못하는 부분도 있었습니다.

❷ '중요한 부분을 정확하게 찾지 못했습니다.'로 수정하는 것이 지원자가 전달하고 싶은 내용이 잘 드러날 것입니다.

하지만 문학작품들을 혼자서 미리 분석하고 수업시간에 선생님의 분석과 제 자신의 분석을 비교하는 것을 반복하자 놓치는 부분들이 눈에 띄게 줄었고 결국 3학년 1학기 때엔 다시 원 성적으로 복귀할 수 있었습니다. 이러한 일을 겪고 난 이후 영어를 공부하던 중 지금의 방식으로 공부를 한다면 국어와 같은 ❸결말을 맺을 수 있을 것이라는 생각이 들었습니다.

❸ 표현이 어색합니다. '결과가 나올 수 있을 것이라고 생각했습니다.'로 수정해주세요.

❹그렇기에 국어를 공부하며 얻은 방식을 적용해보기로 했습니다.

❹ '얻은 방식'이라는 표현이 매력적이지 못합니다. 국어에 적용했던 것과 같은 방법으로 공부해보기로 했다와 같이 표현을 순화해주세요.

❺처음에는 어떻게 적용해야 할지 갈피가 잡히지 않았지만 이내 분위기를 파악하며 읽기 시작했습니다.

❺ 이 내용은 추상적입니다. 분위기를 파악하며 읽기 시작했다는 내용이 구체적으로 어떻게 공부를 했다는 것인지 이해하기 어렵습니다. 영어 지문을 어떻게 읽은 것인지 방법에 대해 좀 더 구체적으로 제시해주세요.

그러자 글의 흐름을 보다 빠르게 파악할 수 있었고 특히나 문맥상 알맞은 낱말을 집어넣어야 하는 문제를 수월히 풀 수 있게 되었습니다.

❶친구가 저에게 국어문제를 설명해달라고 부탁한 적이 있습니다. 하지만 저는 그 질문에 제대로 대답을 하지 못하였습니다. '설명할 수 없다면 이해한 것이 아니다.'라는 말이 떠올랐습니다. 알고 있다고 생각하였을 뿐, 실제로는 모르고 있는 것이었습니다. 직관에 의존하기만 하는 기존의 방식에서 정확한 분석이 더해져야 할 필요가 있다는 생각이 들었습니다. 그래서 작품을 이해하기 위해 세밀하게 분석하기 시작했습니다. 단어, 중심소재, 시어들 간의 관계 등을 꼼꼼히 표시하며 공부하자 처음엔 시간도 오래 걸렸고 ❷중요하지만 찾지 못하는 부분도 있었습니다. 하지만 문학작품들을 혼자 미리 분석하고 수업시간에 선생님의 분석과 비교하는 것을 반복하자 놓치는 부분들이 눈에 띄게 줄었습니다. 또 친구의 질문에 잘 설명할 수 있게 되었고 작품을 더 잘 이해할 수도 있었습니다. 설명하는 과정에서 저와 다른 관점에서 작품을 보는 친구 덕분에 더 배우기도 했습니다. 이런 노력으로 3학년 1학기에는 성적이 더 향상되었습니다.

❸기존의 국어 문제를 대했던 방식과 마찬가지로 영어 또한 감에 의존하며 접근하였기에 영어 점수 또한 언제든지 떨어질 수 있을 것이란 불안감이 있었습니다. ❹때문에 영어 부문에도 이 방법을 적용해보았습니다. ❺친구에게 설명할 수 있게끔 문제를 이해하는 것에 초점을 맞추었습니다. 국어 문제를 설명할 때처럼 문장을 통해 단어를 이해하고 문장구조를 파악하면서 영어 독해 능력을 향상시킬 수

있었습니다. 이를 바탕으로 선지와 키워드가 긍정적·부정적 어조인지 파악했고, 키워드가 어느 위치에서 나오는지 주목하였습니다. 차츰 글의 흐름을 보다 빠르게 파악할 수 있었으며 특히 알맞은 단어를 넣는 문제를 수월히 풀 수 있게 되었습니다.

I - ③ 학생의 초안

집중력이 부족했던 저는 많은 학습량이 필요했습니다. 오전 일과 사이사이의 틈을 최대한 줄여 자습실로 올라가 학습시간을 확보했습니다. 공부는 하면 할수록 해야 할 것이 늘어났고, 나중에는 이 시간마저 부족할 정도로 공부양이 늘어났습니다. 그렇게 깨달았습니다. 반복되는 일과에 수동적으로 이끌려 다니는 것이 아니라, 각 활동을 성실히 이행하고 능동적으로 시간을 사용했을 때 집중력은 더욱 높아지고 학습시간은 더욱 확보될 수 있다는 사실을 말입니다.

많은 시행착오 끝에 괄호노트정리라는 저만의 공부 방법을 만들게 되었습니다. 괄호노트정리는 교과서 내용의 중요부분을 괄호로 비워 놓고 요점정리를 한 것인데, 필기해 놓은 노트를 밥 먹으러 갈 때나 틈틈이 읽으면서 말로 괄호를 채우며 복습했습니다. 또 친구들과 퀴즈를 내며 즐겁게 공부했습니다. 저는 배운 내용이 머리에 남아있는지 스스로 테스트하며 부족한 점들을 발견하고 채워나가는 것이 재미있었습니다.

중국어는 제가 제일 재미있어하고 친한 과목이었습니다. 저는 포기하지 않고 저의 부족한 점을 찾아보았습니다. 시험에서 제가 틀린 것들은 대부분 해석하면 자연스럽지만 문법이 맞지 않는 조사와 숙어 표현이었습니다. 그래서 노트에 독해 교과서를 해석하고 그 밑줄에 다시 직역해 본문과 비교하며 제가 잘못 생각한 조사와 숙어표현에 강조표시를 했고 이를 중점으로 공부했습니다. 그렇게 하니 독해 시간에 본문을 읽으면 무슨 구문이 중요한지 눈에 보이기 시작했고 선생님께서 강조하시는 부분과 제가 생각한 중요부분이 일치했을 때는 정말 기뻤습니다. 그리고 공부한 표현들을 적용해서 회화시간 원어민

선생님과의 대화를 통해 서툰 회화실력을 조금씩 향상시키며 중국어에 대한 흥미를 붙여나갔습니다.

선생님의 첨삭

집중력이 부족했던 저는 많은 학습량이 필요했습니다. 오전 일과 사이사이의 틈을 최대한 줄여 자습실로 올라가 학습시간을 확보했습니다. 공부는 하면 할수록 해야 할 것이 늘어났고, 나중에는 이 시간마저 부족할 정도로 공부량이 늘어났습니다. ❶그렇게 깨달았습니다. 반복되는 일과에 수동적으로 이끌려 다니는 것이 아니라, 각 활동을 성실히 이행하고 능동적으로 시간을 사용했을 때 집중력은 더욱 높아지고 학습시간은 더욱 확보될 수 있다는 사실을 말입니다.

❶ 서술한 내용이 시적이라는 느낌을 주고 있습니다. '~~~~ 하다는 사실을 깨달았습니다.'와 같은 문장으로 수정해주세요.

많은 시행착오 끝에 괄호노트정리라는 저만의 공부 방법을 만들게 되었습니다. 괄호노트정리는 교과서 내용의 중요부분을 괄호로 비워놓고 요점정리를 한 것인데, ❷필기해 놓은 노트를 밥 먹으러 갈 때나 틈틈이 읽으면서 말로 괄호를 채우며 복습했습니다.

❷ 이 문장에서 '밥 먹으러 갈 때나'의 표현은 어색합니다. 여러 가지의 상황이 나열된 것이 아니므로 조사를 수정해주세요.

또 친구들과 퀴즈를 내며 즐겁게 공부했습니다. 저는 배운 내용이 머리에 남아있는지 스스로 테스트하며 부족한 점들을 발견하고 채워나가는 것이 재미있었습니다.

중국어는 제가 제일 재미있어하고 친한 과목이었습니다. 저는 포기하지 않고 저의 부족한 점을 찾아보았습니다. ❸시험에서 제가 틀린 것들은 대부분 해석하면 자연스럽지만 문법이 맞지 않는 조사와 숙어 표현이었습니다.

❸이 문장의 의미가 정확하게 이해하기 어렵습니다. 무엇이 문제점인지에 대해서 정확하게 기술해주세요.

❹그래서 노트에 독해 교과서를 해석하고 그 밑줄에 다시 직역해 본문과 비교하며 제가 잘못 생각한 조사와 숙어표현에 강조표시를 했고 이를 중점으로 공부했습니다. 그렇게 하니 독해 시간에 본문을 읽으면 무슨 구문이 중요한지 눈에 보이기 시작했고 선생님께서 강조하시는 부분과 제가 생각한 중요부분이 일치했을 때는 정말 기뻤습니다.

❹공부 방법에 대해서 구체적으로 서술한 것은 좋으나 글자 수를 고려해보았을 때 좀 더 간결하게 제시해야 할 부분입니다.

그리고 공부한 표현들을 적용해서 회화시간 원어민선생님과의 대화를 통해 서툰 회화실력을 조금씩 향상시키며 중국어에 대한 흥미를 붙여나갔습니다.

학생의 수정

집중력이 부족했던 저는 많은 학습량이 필요했습니다. 그래서 기상, 구보로 이어지는 일과 사이의 틈을 최대한 줄여 자습실로 올라가 학습시간을 확보했습니다. 처음에는 무작정 수학문제만 풀었습니다. 빠듯해진 일과에 잠도 오고 효과가 있을까 생각도 들었지만 앉아있는 시간이 늘어나고 집중력이 향상되면서 과목별 시간분배도 할 수 있게 되었고, 공부는 하면 할수록 해야 할 것이 늘어났습니다. ❷나중에는 이 시간마저 부족할 만큼 공부양이 늘어나 자투리 시간도 이용하기 위해 저만의 공부법인 괄호노트를 만들어 틈틈이 보면서 시험 직전까지 저의 부족한 점을 채워나갔습니다. ❶그렇게 저는 반복되는 일과에 수동적으로 이끌려 다니는 것이 아니라, 활동을 성실히 이행하고 능동적으로 시간을 사용했을 때 집중력은 더욱 높아지고 학습시간도 더욱 확보할 수 있다는 사실을 깨달았습니다.

하지만 제일 재밌고 친해 많은 비중을 두고 공부했던 중국어는 항상 제자리걸음이었습니다. 친구들은 주요과목을 공부할 것을 조언해 주었지만, 포기하지 않고 저의 부족한 부분을 찾아보았습니다. ❸제 약점은 한글로 직역하면 자연스러운 것 같지만 문법 상 비문인 문장 표현에 있었습니다. ❹그래서 야간에 중국어심화특강을 수강하며 중국문법심화학습을 했고, 노트에 독해교과서를 직역해 본문과 비교하며 잘못 생각한 표현을 중점으로 공부했습니다. 그리고 공부한 표현을 적용해 원어민선생님과 대화하며 서툰 회화실력을 조금씩 향상시켜 중국어에 흥미를 붙여나갔습니다.

Ⅱ 노력한 의미 있는 교내활동

 Ⅱ - ① 학생의 초안

　누구나 두 마리의 토끼를 두고 고민해본 경험이 있을 것입니다. 저는 1학년 때 동시에 반장과 학생회활동을 했습니다. 학생회에서 정한 교칙들이나 공지사항들을 정확히 반에 전달할 수 있어 무척 좋았습니다. 하지만 문제는 학교 축제를 준비하면서 발생했습니다. 반장으로서 반별 부스 운영도 해야 하고 학생회 총무부로서 환전소 관리도 해야 했습니다. 갑자기 주어진 많은 일에 혼란스러웠고 어떻게 친구들에게 역할 분담을 해야 할지 몰랐습니다. 제 역량의 부족함을 느껴 이를 극복하기 위해 많은 고민을 했습니다. 그러던 중 교감선생님과의 면담기회가 주어졌는데 이때 비로소 해답을 찾을 수 있었습니다. 교감선생님께서는 좋은 리더는 희생만 하는 사람이 아니라 팀원들이 자신의 능력을 활용할 수 있도록 이끌어 주는 사람이라고 말씀해 주셨습니다. 바람직한 지도자의 역할과 자질에 대해 알게 된 저는 반에 돌아와 배움을 적용했습니다. 부스 역할을 나눌 때 미술을 잘하는 친구가 있으면 꾸미기 부분은 그 친구가 주체가 되어 그 팀을 이끌게 하고, 음악을 잘하는 친구가 있으면 디제잉 부분은 그가 맡아 그 팀을 이끄는 등 자신이 각자 좋아하고 잘 할 수 있는 일을 할 수 있도록 권유했습니다. 또 저희는 오전과 오후 조를 나누어 운영하기로 하였습니다. 저는 오후 조를 맡아 오전에는 환전소 일을 하고 오후에 반에 갔는데 들어가자마자 많은 사람들이 몰려있어 놀랐습니다. 미술팀에서 만든 미러볼과 음악팀의 사연과 함께하는 디제잉이 빛을 발하는 순간이었습니다. 각자에게 맞는 역할을 맡으니 바쁘고 힘든 상황에서도 즐겁게 운영할 수 있었고 효율성 있게 좋은 결과를 얻을 수 있었습니다.

선생님의 첨삭

본 문항에서는 지원자가 의미를 두고 한 활동을 중심으로 서술하는 것이 좋습니다. 활동의 내용이 무엇이고 그 경험을 통해서 미래의 꿈을 실현시키기 위해서 어떤 도움이 된 것인지 구체적으로 제시하는 것이 좋을 것입니다.

누구나 두 마리의 토끼를 두고 고민해본 경험이 있을 것입니다. 저는 1학년 때 동시에 반장과 학생회활동을 했습니다. ❶학생회에서 정한 교칙들이나 공지사항들을 정확히 반에 전달할 수 있어 무척 좋았습니다. 하지만 문제는 학교 축제를 준비하면서 발생했습니다. 반장으로서 반별 부스 운영도 해야 하고 학생회 총무부로서 환전소 관리도 해야 했습니다. 갑자기 주어진 많은 일에 혼란스러웠고 어떻게 친구들에게 역할 분담을 해야 할지 몰랐습니다. 제 역량의 부족함을 느껴 이를 극복하기 위해 많은 고민을 했습니다.

❶ 내용이 늘어지고 있습니다. 두 가지 활동을 동시에 하면서 문제점이 발생한 상황만 간략하게 서술해주세요.

그러던 중 교감선생님과의 면담기회가 주어졌는데 이때 비로소 해답을 찾을 수 있었습니다. 교감선생님께서는 좋은 리더는 희생만 하는 사람이 아니라 팀원들이 자신의 능력을 활용할 수 있도록 이끌어 주는 사람이라고 말씀해 주셨습니다. 바람직한 지도자의 역할과 자질에 대해 알게 된 저는 반에 돌아와 배움을 적용했습니다. 부스 역할을 나눌 때 미술을 잘 하는 친구가 있으면 꾸미기 부분은 그 친구가 주체가 되어 그 팀을 이끌게 하고, 음악을 잘 하는 친구가 있으면 디제잉 부분은 그가 맡아 그 팀을 이끄는 등 자신이 각자 좋아하고 잘 할 수 있는 일을 할 수 있도록 권유했습니다. 또 저희는 오전과 오후 조를 나누어 운영하기로 하였습니다. ❷저는 오후 조를 맡아 오전에는 환전소 일을 하고 오후에 반에 갔는데 들어가자마자 많은 사람들이 몰려있어 놀랐습니다.

❷ 문장이 어색합니다. 오전에는 무엇을 했고 오후에는 무엇을 했는지를 먼저 서술해야 할 것입니다. 그리고 난 뒤에 많은 사람들이 있었다는 상황을 전달해야 할 것입니다.

미술팀에서 만든 미러볼과 음악팀의 사연과 함께하는 디제잉이 빛을 발하는 순간이었습니다. 각자에게 맞는 역할을 맡으니 바쁘고 힘든 상황에서도 즐겁게 운영할 수 있었고 효율성 있게 좋은 결과를 얻을 수 있었습니다. ❸이러한 경험을 통해 자신의 역량을 발휘할 수 있도록 도와줄 뿐만 아니라 부족한 점 까지도 발전시킬 수 있는 구성원이 되어야겠다고 다짐했습니다.

❸ 느낀 점이 보충되어야 합니다. 첫 문장에서 지원자가 두 마리의 토끼를 두고 고민했던 것을 제시했으므로 이 부분에 대한 배우고 느낀 점도 함께 서술해야 할 것입니다. 두 가지를 놓고 고민한 결과 어떻게 하면 좋은 결과를 가지고 올 수 있게 되었음을 깨달았는지 기술해 주세요.

누구나 두 마리의 토끼를 두고 고민해본 경험이 있을 것입니다. 저는 1학년 때 동시에 반장과 학생회활동을 했습니다. ❶문제는 학교 축제를 준비하면서 발생했습니다. 두 가지 활동을 하며 갑자기 주어진 많은 일에 혼란스러웠고 어떻게 해야 할지 몰랐습니다. 그러던 중 교감선생님과의 인터뷰기회가 주어졌는데 이때 비로소 해답을 찾을 수 있었습니다. 교감선생님께서는 좋은 리더는 희생만 하는 사람이 아니라 팀원들이 자신의 능력을 활용할 수 있도록 이끌어 주는 사람이라고 말씀해 주셨습니다. 바람직한 지도자의 역할과 자질에 대해 알게 된 저는 반에 돌아와 배움을 적용했습니다. 부스 역할을 나눌 때 미술을 잘하는 친구가 있으면 꾸미기 부분은 그 친구가 주체가 되어 그 팀을 이끌게 하고, 음악을 잘하는 친구가 있으면 디제잉 부분은 그가 맡아 그 팀을 이끄는 등 자신이 각자 좋아하고 잘 할 수 있는 일을 할 수 있도록 권유했습니다. 또 저희는 오전과 오후 조를 나누어 운영하기로 하였습니다. ❷그래서 오전에 학생회 일을 하고 오후에 반에 갔는데 들어가자마자 많은 사람들이 몰려있어 놀랐습니다. 미술팀에서 만든 미러볼과 음악팀의 사연과 함께하는 디제잉이 빛을 발하는 순간이었습니다. 각자에게 맞는 역할을 맡으니 바쁘고 힘든 상황에서도 즐겁게 운영할 수 있었고 효율성 있게 좋은 결과를 얻을 수 있었습니다. ❸저는 자신의 역할에 성실히 임해준 친구들 덕분에 반별부스 운영과 학생회활동 두 마리 토끼를 모두 잡을 수 있었습니다. 팀 협력을 위해 리더는 팀원들의 장점을 이해하여 그것을 충분히 이용할 수 있도록 도와주어야 한다는 것을 깨달았습니다. ❹이러한 경험을 통해 자신의 역량을 발휘할 수 있도록 도와줄 뿐만 아니라 부족한 점까지도 발전시킬 수 있는 구성원이 되어야겠다고 다짐했습니다.

Ⅱ-② 학생의 초안

짜장은 진하고 달콤합니다. 더불어 짜장은 순우리말로 '정말로, 진짜'라는 뜻도 있다고 합니다. 아래의 두 활동은 제게 진하고 달콤한 시간을 선사하였고, '정말로' 잊지 못할 기억이 되었습니다. 그래서 '짜장'이라는 단어가 제 활동을 대표하는 말로 떠올랐습니다.

1학년 말에 모의유엔동아리의 핵심활동인 모의유엔총회를 개최하였습니다. 준비단계에 모의유엔 사무국으로서 '위안부'를 주제로 선정하여 전교생을 대상으로 참가국을 모으고, 그들의 연설문을 수정하였습니다. 이 과정에서 다양한 국가, 인물들의 목소리에 귀 기울이게 되면서 역지사지의 태도를 배울 수 있었습니다. 더불어 세상을 보는 시야가 넓어지게 되었습니다. 개최 당일 많은 관중 앞에서 연설문을 낭독하였습니다. 처음에는 긴장된 목소리로 시작 했지만 점차 편안하게 말할 수 있었습니다. 처음으로 수백 명의 관중 앞에서 연설을 하고나니 떨림도 컸지만, 해냈다는 성취감과 함께 다음에는 더 잘할 수 있을 것이라는 용기가 생겼습니다. 2학년 말 두 번째 총회에서는 프레젠테이션 팀장을 맡아 모의유엔 소개 자료를 제작하고, 화면과 관객석을 번갈아보며 안정된 자세와 표정, 목소리로 발표를 했습니다. 총회 직후 연극부 학생들이 저를 찾아왔습니다. 졸업식 때 무대 위에서 내레이션을 맡아달라고 부탁하러 온 것이었습니다. 과거에 많은 관객 앞에서의 발표에 대해 무의식적으로 한계를 지었던 것 같은데, 처음으로 그러한 제안을 받고 스스로가 얼마나 달라졌는지 느꼈습니다. 이 동아리를 통해 도전의 짜릿한 성취감이라는 것을 맛볼 수 있었고, 경험이 많을수록 발표실력은 얼마든지 향상될 수 있음을 분명히 알게되었습니다.

선생님의 첨삭

❶짜장은 진하고 달콤합니다. 더불어 짜장은 순우리말로 '정말로, 진짜'라는 뜻도 있다고 합니다. 아래의 두 활동은 제게 진하고 달콤한 시간을 선사하였고, '정말로' 잊지 못할 기억이 되었습니다. 그래서 '짜장'이라는 단어가 제 활동을 대표하는 말로 떠올랐습니다.

❶ 이 내용은 글의 전개상 필요한 내용이 아니기 때문에 불필요하다고 생각합니다. 만약에 지원자의 글에 흥미를 유발하는 것이 목적이라면 짧은 한 문장으로 서술해야 할 것입니다. 수정예시는 '저의 활동을 한마디로 표현한다면 진하고 달콤한 짜장일 것입니다.'입니다.

1학년 말에 모의유엔동아리의 핵심활동인 모의유엔총회를 개최하였습니다. 준비단계에 모의유엔 사무국으로서 '위안부'를 주제로 선정하여 전교생을 대상으로 참가국을 모으고, 그들의 연설문을 수정하였습니다. ❷ 이 과정에서 다양한 국가, 인물들의 목소리에 귀 기울이게 되면서 역지사지의 태도를 배울 수 있었습니다. 더불어 세상을 보는 시야가 넓어지게 되었습니다.

❷ 단순히 결과만을 제시하면 공감하기 어렵습니다. 활동 내용 중에서 무엇을 통해 지원자가 이러한 결과를 갖게 했는지 구체적으로 서술해주세요.

❸개최 당일 많은 관중 앞에서 연설문을 낭독하였습니다. 처음에는 긴장된 목소리로 시작했지만 점차 편안하게 말할 수 있었습니다. 처음으로 수백 명의 관중 앞에서 연설을 하고나니 떨림도 컸지만, 해냈다는 성취감과 함께 다음에는 더 잘할 수 있을 것이라는 용기가 생겼습니다.

❸ 앞의 내용을 중점적으로 역지사지의 자세와 넓은 시야를 갖는 내용을 중점적으로 서술하는 것이 좋다고 생각합니다. 그래서 연설문 낭독의 어려움에 대한 내용은 삭제하는 것이 좋을 것입니다.

2학년 말 두 번째 총회에서는 프레젠테이션 팀장을 맡아 모의유엔 소개 자료를 제작하고, 화면과 관객석을 번갈아 보며 안정된 자세와 표정, 목소리로 발표를 했습니다. 총회 직후 연극부 학생들이 저를 찾아왔습니다. 졸업식 때 무대 위에서 내레이션을 맡아달라고 부탁하러 온 것이었습니다. 과거에 많은 관객 앞에서의 발표에 대해 무의식적으로 한계를 지었던 것 같은데, 처음으로 그러한 제안을 받고 스스로가 얼마나 달라졌는지 느꼈습니다. ❹이 동아리를 통해 도전의 짜릿한 성취감이라는 것을 맛볼 수 있었고, 경험이 많을수록 발표실력은 얼마든지 향상될 수 있음을 분명히 알게 되었습니다.

❹이 내용보다 앞으로는 스스로 한계를 설정하지 않고 잘할 수 있다는 의지를 갖고 활동에 임하겠다는 다짐을 서술하는 것이 좋을 것입니다.

학생의 수정

❶저의 활동을 한마디로 표현한다면 진하고 달콤한 짜장일 것입니다. 이 활동들을 통해 달콤하고, 잊지 못할 기억을 가지게 되었기 때문입니다.

1학년 말에 모의유엔동아리의 핵심활동인 모의유엔총회를 개최하였습니다. 준비단계에 모의유엔 사무국으로서 '일본의 역사 왜곡과 위안부 사과 문제'를 주제로 선정하여 전교생을 대상으로 참가국을 모으고, 그들의 연설문을 수정하였습니다. ❷처음에 위안부 문제는 우리나라와 일본 사이의 문제일 것이라고만 여겼습니다. 하지만 수정 과정에서 우리나라뿐만 아니라 중국, 미얀마, 베트남 등 많은 국가들 역시 피해를 입었음을 알 수 있었습니다. 그래서 역지사지의 태도로 여러 국가와 인물들의 목소리에 귀 기울이게 되었습니다. 더불어 위안부 문제에 대한 일본의 태도가 세계정세에 영향을 끼친다는 사실을 알게 되어 국제문제를 바라보는 시야가 넓어지게 되었습니다. ❸(삭제) 2학년 말 두 번째 총회에서는 프레젠테이션 팀장을 맡아 모의유엔 소개 자료를 제작하고, 화면과 관객석을 번갈아 보며 안정된 자세와 표정, 목소리로 발표를 했습니다. 총회 직후 연극부 학생들이 저를 찾아왔습니다. 졸업식 때 무대 위에서 내레이션을 맡아달라고 부탁하러 온 것이었습니다. 과거에 많은 사람 앞에서의 발표가 두렵다고 스스로 한계를 지어왔는데, 처음으로 그러한 제안을 받고서야 스스로가 얼마나 달라졌는지 느꼈습니다. ❹그래서 앞으로는 스스로 한계를 설정하지 않고 잘할 수 있다는 의지를 갖고 활동에 임할 것이라고 다짐을 하였습니다.

Ⅱ – ③ 학생의 초안

평소 인문학에 관심이 많았던 아버지 덕분인지 고등학교에 입학한 후부터 차츰차츰 인문학이라는 것에 관심이 생겼습니다. 마침 2학년 때 인문영재학급이라는 인문학적 소양을 함양시키기 위한 활동이 있었고 좋은 기회라 생각해 지원을 하여 선발되었습니다. 인문영재학급에선 여러 활동이 있었지만 그중 가장 인상적이었던 것은 문학작품을 분석하고 직접 수업을 시연하는 것이었습니다. 저는 친구와 함께 김원일의 '어둠의 혼'이라는 작품을 맡아 50분간의 수업을 준비했습니다. 그중 저는 등장인물과 저자의 생애, 작품의 의의 등을 분석하고 수업자료에 쓰일 심화질문들을 만들었습니다. 또, 친구들에게 질문을 했을 시 어떤 대답이 나올 것인지 예상하고 적절한 참고자료들을 찾았습니다. 준비를 열심히 했기에 수업을 할 때에 잘 할 수 있을 거라 생각했지만 큰 성과를 거두지 못했습니다. 주어진 시간을 알차게 사용하지 못했고 긴장을 많이 한 것인지 말실수도 했습니다. 비록 결과가 만족스럽지 못했지만 진짜 선생님과 같이 수업을 할 수 있었던 것은 좋은 기회였다고 생각합니다. 저는 선생님들이 수업준비를 하지 않고 자연스럽게 상황을 보며 수업을 이끌어나가시는 줄만 알았습니다. 하지만 직접 선생님이라는 역할을 맡아보니 그동안 제가 가지고 있었던 것은 막연한 환상에 불과하다는 것을 깨달았습니다. 저는 준비하는 과정 속에서나 수업을 하는 동안에서나 선생님들이 하나의 완성도 높은 수업을 만들기 위해 얼마나 많은 노력을 기울여야 하는지 몸소 체험할 수 있었습니다. 그 이후로 수업에서 그 선생님들이 농담과 같은 준비들이 눈에 들어오기 시작했습니다.

선생님의 첨삭

❶평소 인문학에 관심이 많았던 아버지 덕분인지 고등학교에 입학한 후부터 차츰차츰 인문학이라는 것에 관심이 생겼습니다. 마침 2학년 때 인문영재학급이라는 인문학적 소양을 함양시키기 위한 활동이 있었고 좋은 기회라 생각해 지원을 하여 선발되었습니다.

❶ 내용이 다소 늘어집니다. 상황에 대한 설명이므로 한 문장으로 간략하게 서술해주세요. 수정예시는 '평소 인문학에 관심이 많았던 아버지 덕분에 인문학에 관심이 생겨 이와 관련된 활동으로 2학년 때 인문영재학급에 참여했습니다.'입니다.

인문영재학급에선 여러 활동이 있었지만 그중 가장 인상적이었던 것은 문학작품을 분석하고 직접 수업을 시연하는 것이었습니다. 저는 친구와 함께 김원일의 '어둠의 혼'이라는 작품을 맡아 50분간의 수업을 준비했습니다. 그중 저는 등장인물과 저자의 생애, 작품의 의의 등을 분석하고 수업자료에 쓰일 심화질문들을 만들었습니다. 또, 친구들에게 질문을 했을 시 어떤 대답이 나올 것인지 예상하고 적절한 참고자료들을 찾았습니다. 준비를 열심히 했기에 수업을 할 때에 잘 할 수 있을 거라 생각했지만 큰 성과를 거두지 못했습니다. ❷주어진 시간을 알차게 사용하지 못했고 긴장을 많이 한 것인지 말실수도 했습니다.

❷ 늘어지는 내용이므로 삭제해주세요.

비록 결과가 만족스럽지 못했지만 진짜 선생님과 같이 (→교사의 입장에서) 수업을 할 수 있었던 것은 좋은 기회였다고 생각합니다. ❸저는 선생님들이 수업준비를 하지 않고 자연스럽게 상황을 보며 수업을 이끌어나가시는 줄만 알았습니다.

❸ 지원자가 이러한 시각을 가지고 있었다는 사실이 매력적이지 못합니다. 삭제해주세요.

하지만 직접 <u>선생님이라는</u> ('선생님'은 호칭입니다. '교사의'로 수정해주세요.) ❹역할을 맡아보니 그동안 제가 가지고 있었던 것은 막연한 환상에 불과하다는 것을 깨달았습니다.

❹ 기존의 생각이 환상에 불과했다는 내용은 불필요하다고 생각합니다.

❺저는 준비하는 과정 속에서나 수업을 하는 동안에서나 ❺표현이 어색하므로 '저는 수업을 준비하는 과정과 수업 시간을 통해'로 수정해주세요. 선생님들이 하나의 완성도 높은 수업을 만들기 위해 얼마나 많은 노력을 기울여야 하는지 몸소 체험할 수 있었습니다. ❻그 이후로 수업에서 그 선생님들이 농담과 같은 준비들이 눈에 들어오기 시작했습니다.

❻ '농담과 같은 준비'라는 표현은 수업에 대한 교사의 노력을 표현하기에 부적절하다고 생각합니다. 결론의 방향을 '지원자가 몸소 체험한 결과 그 이후로는 선생님의 수업에 보다 더 감사하는 마음이 생겼고, 어떻게 해야겠다고 다짐했다.'로 수정해주세요.

 **학생의** 수정

❶평소 인문학을 좋아하시던 아버지의 영향으로 인문학에 관심이 있던 저는 2학년 때 교내 인문영재학급에 참여했습니다. 인문영재학급은 인문학적 소양을 함양시키는 것이 목적인 프로그램이고 그 목적에 맞는 다양한 활동을 하였는데 그중 가장 인상적이었던 것은 문학 작품을 분석하고 직접 수업을 시연하는 것이었습니다. 저는 친구와 함께 김원일의 '어둠의 혼'이라는 작품을 맡아 50분 분량의 수업을 준비했습니다. 제가 철저하게 준비해야 친구들을 이해시킬 수 있다고 생각 하여 등장인물과 저자의 생애, 작품의 의의 등을 분석하고 수업 자료에 쓰일 심화 질문들을 만들었습니다. 또 친구들에게 질문을 했을 때 어떤 대답이 나올 것인지 예상하고 적절한 참고 자료들을 찾았

습니다. 준비를 열심히 했기에 수업을 할 때에 잘 할 수 있을 거라 생각했지만 긴장을 했던 나머지 막상 제가 원했던 만큼 우수한 수업을 하지 못했습니다. ❷(삭제) 비록 결과가 만족스럽지 못했지만 교사와 비슷한 입장에서 수업을 할 수 있었던 것은 좋은 기회였다고 생각합니다. ❸,❹(삭제) ❺,❻그 이후로 수업을 들을 때 선생님들이 하신 준비들이 눈에 들어오기 시작했고 농담 하나도 허투루 보이지 않았습니다. 선생님의 수업에 보다 더 감사하는 마음이 생겼고, 수업을 준비하는 과정과 수업 시간을 통해 선생님들이 하나의 완성도 높은 수업을 만들기 위해 얼마나 많은 노력을 기울여야 하는지 몸소 체험할 수 있었습니다. 또한 실패를 통해 실제로 선생님들이 성공한 수업을 준비하기 위해선 어떤 준비를 더 하셨는지에 대해 고민하는 기회를 가질 수 있었습니다. 이 수업 시연을 바탕으로 긴장을 하더라도 실수하지 않게끔 더 철저하게 준비해야겠다고 다짐했습니다.

Ⅲ 타인과 공동체를 위해 노력한 경험과 배운 점

Ⅲ-① 학생의 초안

저희 학교는 해마다 학생들의 학습역량을 키우고, 공동체 생활에서 중요한 협동심 기르며 타인에 대한 이타심을 함양하기 위해 과목별로 학술제를 실시합니다. 저는 '국어과 학술제'를 통해 열린 생각의 중요성을 느꼈습니다. 조원들이 국어시간에 배운 이강백 작가의 다른 작품인 '파수꾼'을 연극으로 표현하기로 큰 틀을 정하였습니다. 연극준비를 하던 중 연극 분량 때문에 친구들과 의견 충돌이 생겼습니다. 연극분량을 정할 때에 몇몇 친구는 연극시간을 절반으로 줄이고 다른 방안도 도입하자고 하였고, 몇몇은 이미 대본을 외웠기 때문에 분량을 줄이는 것에 반대하였습니다. 저는 조장으로서 의견을 한쪽으로 일축하기보다 두 의견 모두 반영하는 것이 좋겠다고 생각하였습니다. 그래서 조원들은 연극대본 중 중요하지 않은 내용은 생략하고, 인형극을 첨가하는 방법으로 양쪽의 좋은 점을 부각시키기 위해 다 함께 노력하였습니다. 닫힌 마음으로 하나의 의견을 고수하기보다 다른 사람의 의견을 듣고 이를 잘 조화롭게 해결하려고 노력하면 더 좋은 결과를 가져올 수 있다는 것을 깨달았습니다. 또한 친구들을 설득하며 편견을 허무는 과정에서 그동안 누군가를 나만의 프레임으로 해석하고, 일방적인 대화와 행동을 하지 않았는지에 대해 나 자신을 뒤돌아보고 반성하였습니다. 이를 통해 선입견 없이 있는 그대로 바라보는 태도를 가지는 것이 조화를 이루며 살아가는 첫걸음임을 배웠습니다.

선생님의 첨삭

저희 학교는 해마다 학생들의 학습역량을 키우고, 공동체 생활에서 중요한 협동심 기르며 타인에 대한 이타심을 함양하기 위해 과목별로 학술제를 실시합니다. 저는 '국어과 학술제'를 통해 열린 생각의 중요성을 느꼈습니다. ❶조원들이 국어시간에 배운 이강백 작가의 다른 작품인 '파수꾼'을 연극으로 표현하기로 큰 틀을 정하였습니다.

❶전달하고자 하는 내용을 채점관이 명확하게 이해할 수 있도록 수정해주세요. 국어과 학술제에서 이강백 작가의 파수꾼 연극을 하기로 하였다는 의미가 드러나도록 표현을 바꾸어 주세요.

연극준비를 하던 중 연극 분량 때문에 친구들과 의견 충돌이 생겼습니다. 연극분량을 정할 때에 몇몇 친구는 연극시간을 절반으로 줄이고 다른 방안도 도입하자고 하였고, 몇몇은 이미 대본을 외웠기 때문에 분량을 줄이는 것에 반대하였습니다. ❷저는 조장으로서 의견을 한쪽으로 일축하기보다 두 의견 모두 반영하는 것이 좋겠다고 생각하였습니다.

❷발생하게 된 갈등을 혼자 해결하기보다는 친구들과 대화 등 협력의 과정을 통해 해결하기 위해 노력했다는 의미가 반영되도록 내용을 바꾸어주세요.

그래서 조원들은 연극대본 중 중요하지 않은 내용은 생략하고, 인형극을 첨가하는 방법으로 양쪽의 좋은 점을 부각시키기 위해 다 함께 노력하였습니다. 닫힌 마음으로 하나의 의견을 고수하기보다 다른 사람의 의견을 듣고 이를 잘 조화롭게 해결하려고 노력하면 더 좋은 결과를 가져올 수 있다는 것을 깨달았습니다. ❸또한 친구들을 설득하며 편견을 허무는 과정에서 그동안 누군가를 나만의 프레임으로 해석하고, 일방적인 대화와 행동을 하지 않았는지에 대해 나 자신을 뒤돌아보고 반성하였습니다.

이를 통해 선입견 없이 있는 그대로 바라보는 태도를 가지는 것이 조화를
이루며 살아가는 첫걸음임을 배웠습니다.

❸앞의 글의 내용과 맥락이 맞지 않고 표현이 추상적입니다. 글의 내용과 연결하여 구체적으
로 표현해 보세요.

저희 학교는 해마다 학생들의 학습역량을 키우고, 공동체 생활에서
중요한 협동심 기르며 타인에 대한 이타심을 함양하기 위해 과목별로
학술제를 실시합니다. 저는 '국어과 학술제'를 통해 열린 생각의 중요
성을 느꼈습니다. ❶국어과 학술제에서 조원들과 상의를 통해 이강백
작가의 파수꾼을 직접 연극하기로 하였습니다. 연극준비를 하던 중
연극 분량 때문에 친구들과 의견 충돌이 생겼습니다. 연극분량을 정
할 때에 몇몇 친구는 연극시간을 절반으로 줄이고 다른 방안도 도입
하자고 하였고, 몇몇은 이미 대본을 외웠기 때문에 분량을 줄이는 것
에 반대하였습니다. ❷조장으로써 갈등을 원만하게 해결하기 위해 서
로의 의견을 전달하고 중재를 통해 두 의견 모두 반영하기로 하였습
니다. 그래서 조원들은 연극대본 중 중요하지 않은 내용은 생략하고,
인형극을 첨가하는 방법으로 양쪽의 좋은 점을 부각시키기 위해 다
함께 노력하였습니다. 닫힌 마음으로 하나의 의견을 고수하기보다 다
른 사람의 의견을 듣고 이를 잘 조화롭게 해결하려고 노력하면 더 좋
은 결과를 가져올 수 있다는 것을 깨달았습니다. ❸여러 친구들과 대
화를 할 때는 나만의 프레임으로 해석하고, 일방적인 대화와 행동은
지양해야 한다는 것을 알게 되었습니다. 또한 상대방의 입장에서 생
각하고, 어떠한 선입견도 없이 있는 그대로 중립 입장에서 바라보는

태도를 가지는 것이 공동체 생활에서 조화를 이루며 문제를 해결하는 데 도움이 된다는 것을 배웠습니다.

Ⅲ-2 학생의 초안

　친구들과 '지역아동센터'에서 봉사활동을 시작했습니다. 각 봉사자마다 동아리를 하나씩 맡았는데 저는 그중 영어동아리를 맡았습니다. 처음 영어동아리를 맡았을 때는 막막해 알파벳을 단순히 배우는 수업으로 시작하였지만 이내 아이들이 재미를 느낄 수 있는 퀴즈 형식으로 전환하여 아이들이 성취감을 느낄 수 있도록 하였습니다. 하지만 아이들 사이에서는 격차가 존재했고 아이 한 명이 퀴즈를 독식하는 일이 발생했습니다. 저는 그 게임에서 가장 먼저 손을 든 학생에게 발표기회를 주기로 했는데 그러다 보니 대부분의 발표를 아는 것이 많은 영희가 하게 되었습니다. 그것이 마음에 걸렸지만 먼저 정한 규칙에 어긋나는 점이 없었기에 제재를 하지 않았습니다. 하지만 다른 학생들은 그것이 매우 마음에 들지 않아 불만을 표출하며 왜 쟤만 하느냐고 투덜거리자 다른 학생들도 퀴즈를 맞히고 칭찬을 받고 싶어 하는 것을 알아차렸습니다. 그 후 퀴즈를 맞히기 위하여 손을 든 영희에게 다른 학생들도 하고 싶어 하니 다른 학생에게 기회를 주자며 설득한 후 다른 학생들에게 기회를 넘겼습니다. 그러자 영희는 굉장히 기분이 상한 것처럼 보였습니다. 저는 고민하다 수업이 끝난 후 영희에게 다가가 다른 학생들도 발표를 하고 싶어 하고 너는 잘하니 이해해 달라고 이야기해보았습니다. 영희는 알았다며 고개를 끄덕여 저는 잘 해결되었다고 생각을 했지만 다음 동아리 수업에서 영희는 다시 발표를 못 하자 토라진 상태가 된 것을 보자 제가 잘못을 했다는 것을 알아차렸습니다.

　무엇을 잘못했는지에 대해 고민하니 제가 일관성 없게 행동했다는 사실을 깨달았습니다. 먼저 손을 든 사람에게 발표할 기회를 주기로 한 것과는 반대로 중간에 학생들의 불만이 심화되자 영희의 기회를 빼앗아 다른 학생들에게 넘겼고 그것이 영희에게 큰 배신감을 주었다는 것을 알 수 있었습니다. 또 제가 그런 식으로 행동한 것이 영희뿐 아니라 다른 학생들에게도 어떻게 보였을지 생각하니 부끄러워졌습니다. 하지만 일관성 있게 행동하기 위해 제가 정한 규칙을 끝까지 고수하는 것 또한 문제를 일으킬 수 있다는 생각이 들었습니다. 그러자 저는 제가 어떻게 행동했어야 했는지 의문이 들었고 그것이 지금도 제 숙제로 남았습니다.

 선생님의 첨삭

2번 문항에서는 인성과 함께 문제해결능력도 평가합니다. 그래서 글의 전개 방향을 갈등 상황을 제시하고 그것을 해결하는 과정에서 지원자의 배려, 나눔, 협력의 모습이 잘 드러나도록 설정하는 것이 좋습니다.

〈글의 전개 방향 예시〉

1. 봉사활동을 하면서 학생들과의 갈등 상황 제시. (학생들의 수준 차이로 인해서 잘하는 학생에게 초점이 맞춰져 수업이 진행됨)

2. 그래서 수업 방법의 변화가 필요하다고 깨닫고 퀴즈를 푸는 방식을 바꾸기로 함. (혼자서 퀴즈를 모두 맞히는 학생으로 인해 수업에 흥미가 없는 다른 친구들을 배려하는 마음을 중점적으로 서술할 것.)

3. 그 결과 대다수 학생들이 수업에 적극적으로 참여하였고 학습적으로 발전하게 됨.

4. 그런데 혼자 문제를 다 맞히던 친구는 수업에 참여하지 않는 태도로 변함. 그 이유를 생각해보니 정작 다른 친구들을 배려하느라 그 친구의 입장은 고려하지 못한 부분이 있었음.

5. 그 친구와 대화를 하면서 서로에 대한 입장의 차이를 좁히고 수업에서 도와줄 것을 요청함. (잘하는 친구이니까 힌트를 주는 역할을 주는 등 어울릴 수 있도록 그 친구의 역할을 부여하는 방법을 제시하는 것도 좋을 것입니다.) 또한 다른 친구들도 동의할 수 있도록 충분히

소통한 후에 수업 방법을 수정하려고 노력함.

6. 이를 통해서 지원자가 느낀 점.

＊위의 예시를 참고로 글자 수를 고려하여 수정해주세요.

　　친구들과 '지역아동센터'에서 봉사활동을 시작했습니다. 각 봉사자마다 동아리를 하나씩 맡았는데 저는 그중 불필요한 단어입니다. 영어동아리를 맡았습니다. 처음 영어동아리를 맡았을 때는 막막해 알파벳을 단순히 배우는 수업으로 시작하였지만 이내 아이들이 재미를 느낄 수 있는 퀴즈 형식으로 전환하여 아이들이 성취감을 느낄 수 있도록 하였습니다. 하지만 아이들 사이에서는 격차가 존재했고 "영희"라는 자기소개서에서 실명은 거론하지 않는 것이 일반적입니다. 아이 한 명이 퀴즈를 독식하는 일이 발생했습니다. 자기소개서에 적절하지 않은 표현이라고 생각합니다. 표현을 순화하여 주세요. ❶저는 그 게임에서 가장 먼저 손을 든 아이에게 발표기회를 주기로 했는데 그러다 보니 대부분의 발표를 아는 것이 많은 영희가 하게 되었습니다. 그것이 마음에 걸렸지만 먼저 정한 규칙에 어긋나는 점이 없었기에 제재를 하지 않았습니다. 하지만 다른 아이들은 그것이 매우 마음에 들지 않아 불만을 표출하며 왜 재만 하느냐고 투덜거리자 다른 아이들도 퀴즈를 맞히고 칭찬을 받고 싶어 하는 것을 알아차렸습니다. 그 후 퀴즈를 맞히기 위하여 손을 든 영희에게 다른 아이들도 하고 싶어 하니 다른 아이에게 기회를 주자며 설득한 후 다른 아이들에게 기회를 넘겼습니다. 그러자 영희는 굉장히 기분이 상한 것처럼 보였습니다. 저는 고민하다 수업이 끝난 후 영희에게 가 다른 아이들도 발표를 하고 싶어 하고 너는 잘하니 이해해달라고 이야기해보았습니다. 영희는 알았다며 고개를 끄덕여 저는 잘 해결되었다고 생각을 했지만 다음 동아리 수업에서 영희는 다시 발표를 못 하자 토라진 상태가 된 것을 보자 제가 잘못을 했다는 것을 알아차렸습니다.

❶내용이 지나치게 늘어지고 있습니다. 수정 방향예시를 참고하여 필요한 부분만 선택하여 서술해주세요. 모든 상황을 상세히 서술하기보다는 글의 목적에 맞게 필요한 부분만 전달해야 할 것입니다.

❷무엇을 잘못했는지에 대해 고민하니 제가 일관성 없게 행동했다는 사실을 깨달았습니다. 먼저 손을 든 사람에게 발표할 기회를 주기로 한 것과는 반대로 중간에 아이들의 불만이 심화되자 영희의 기회를 빼앗아 다른 아이들에게 넘겼고 그것이 영희에게 큰 배신감을 주었다는 것을 알 수 있었습니다. 또 제가 그런 식으로 행동한 것이 영희뿐 아니라 다른 아이들에게도 어떻게 보였을지 생각하니 부끄러워졌습니다. 하지만 일관성 있게 행동하기 위해 제가 정한 규칙을 끝까지 고수하는 것 또한 문제를 일으킬 수 있다는 생각이 들었습니다. 그러자 저는 제가 어떻게 행동했어야 했는지 의문이 들었고 그것이 지금도 제 숙제로 남았습니다.

❷해결하지 못한 상황으로 글을 마무리하는 것은 좋지 않습니다. 해결하지 못한 부분이 있다 하더라도 그 부분을 제시하기보다는 해결했던 문제에 초점을 두고 서술해야 할 것입니다.

친구들과 '지역아동센터'에서 봉사활동을 시작했습니다. 각 봉사자마다 동아리를 하나씩 맡았는데 저는 영어 동아리를 맡았습니다. ◎ 글의 전개 방향 예시 및 첨삭에 따른 수정 아이들이 재미를 느낄 수 있는 퀴즈 형식으로 수업을 진행하며 성취감을 느낄 수 있도록 하였습니다. 저는 손을 가장 먼저 든 아이에게 발표기회를 주었는데 그러다 보니 잘하는 아이 한 명을 중심으로 수업이 진행되었고 수업에 흥미를 잃은 학생들도 나왔습니다. ❶문제를 느낀 저는 수업방식을 바꾸었습니다. 손을 든 아이 중 발표를 적게 했던 아이를 골라 발표 기회를 준 것입니다. 퀴즈방식이 바뀌자 대다수의 학생들이 수업에 더 적극적으로 참여하였고 옳은 답을 말하는 횟수가 늘었습니다. 하지만 이번에는 잘하는 아이가 점점 수업시간에 소극적인 태도를 보였습니다. ❷ 그 이유를 생각해보니 다른 아이들을 배려하느라 정작 그 친구의 입장을 고려하지 못했기 때문이라는 생각이 들었습니다. 그전까지는 자신이 제일 많이 참여하였고 칭찬도 받았는데 수업방식이 변하자 수업에서 소외된 느낌마저 받았을 수도 있겠다는 생각도 들었습니다. 그래서 저는 그 친구와 이야기를 나누어보기로 했습니다. 그 아이는 예전의 방식으로 돌아가길 원했지만 저는 다른 아이들의 입장을 설명하며, 친구들에게 힌트를 주는 역할을 제안하여 그 아이를 설득하였습니다. ◎ 글의 전개 방향 예시 따른 수정 규칙을 바꾼다는 것은 아무리 사소한 일이어도 다른 사람들의 동의를 먼저 구해야 한다는 것을 깨달았습니다. 저는 다른 아이들을 배려하기 위해 규칙을 바꾸었지만 그것은 제 독단으로 이루어진 일이었습니다. 또 그 변화는 모두를 만족시키지 못하였고 한 아이를 소외시키는 일마저 발생시켰습니다. 배려를 하는 것에도 세심한 주의가 필요하다는 것 또한 몸소 체험할 수 있었습니다.

Ⅲ-③ 학생의 초안

저희 학교 체육 대회는 응원대회라고 말해도 무방할 만큼 응원에 공을 들입니다. 맨 땅이 쿵쿵 울릴 정도로 발을 구르고 손바닥이 부을 정도로 박수를 치는 과격한 응원동작 때문에 몸이 약한 친구들은 다쳐 발목에 깁스를 하기도 했습니다. 실장으로서 연습을 총괄하는 역할을 맡았던 저는 우승도 중요하지만 아이들이 연습 도중 다치지 않는 것을 가장 중요하게 생각했기 때문에 반 아이들에게 꼭 운동화를 신을 것을 강조했습니다. 하지만 아무리 당부를 해도 연습 장소에 슬리퍼를 신고 오는 아이들 수는 줄지 않았고, 슬리퍼를 신은 채 농구를 하고 있는 남자아이들의 모습을 보고 저는 속상함에 무작정 화를 내고 말았습니다. 분위기는 가라앉았고 저 또한 마음이 불편한 상태에서 연습을 마치고 돌아오면서 왜 친구들이 운동화를 챙기는 것을 잊어버리는 걸까 생각을 해보았습니다. 저는 제가 큰 실수를 하고 있었다는 것을 깨달았습니다. 연습시간과 장소를 교실에 게시해 놓았지만, 주말에는 반 아이들이 교실과 떨어져 있는 자습실에서 공부하기 때문에 연습시간과 장소를 잘 모른다는 것은 당연한 일이었습니다. 제가 알고 있단 이유로 다른 아이들도 모두 알고 있을 것이라 생각했습니다. 저는 친구들에게 화를 낸 것을 공개적으로, 그리고 공식적으로 사과했고 앞으로는 연습시간과 장소를 명시하겠다고 약속했습니다. 그리고 1학년 실장에게 찾아가 연습 전 아이들에게 충분히 공지를 해달라고 부탁했습니다. 그 후로는 아이들이 지나가다 볼 수 있도록 자습실 문에 그 다음 날 공지를 붙여놓고 연습시간 전 쉬는 시간에도 반 아이들에게 큰소리로 다시 한 번 알리는 등 친구들이 미리 운동화를 준비할 수 있도록 했습니다. 그러자 친구들은 제가 공지를 만드는 모습을 보고 붙여주겠다며 손을 내밀었고 연습시간을 미리 알아와 큰소리로 알려 주며 저를 도와주었습니다. 놀랍게도 충분히 연습시간을 알린 후의 연습 장소에는 대부분이 운동화를 신고 있었고, 부득이하게 갈아 신지 못한 친구는 기록을 재거나 심판 역할을 부탁해 발에 무리가 가지 않도록 서로 배려해주었습니다. 그렇게 서로가 도운 결과 1, 2학년 모두 부상 없이 체육대회를 마칠 수 있었습니다. 이 경험을 통해 제 입장으로만 생각했던 저의 잘못을 반성할 수 있었고 감정적으로 대했던 제 잘못을 이해해준 친구들에게 고마웠습니다.

선생님의 첨삭

❶저희 학교 체육 대회는 응원대회라고 말해도 무방할 만큼 응원에 공을 들입니다. 맨땅이 쿵쿵 울릴 정도로 발을 구르고 손바닥이 부을 정도로 박수를 치는 과격한 응원동작 때문에 몸이 약한 친구들은 다쳐 발목에 깁스를 하기도 했습니다. 실장으로서 연습을 총괄하는 역할을 맡았던 저는 우승도 중요하지만 아이들이 연습 도중 다치지 않는 것을 가장 중요하게 생각했기 때문에 반 아이들에게 꼭 운동화를 신을 것을 강조했습니다.

❶내용이 늘어지는 경향이 있습니다. 글자 수를 고려하여 수정해 보세요.

❷하지만 아무리 당부를 해도 연습 장소에 슬리퍼를 신고 오는 아이들 수는 줄지 않았고, 슬리퍼를 신은 채 농구를 하고 있는 남자아이들의 모습을 보고 저는 속상함에 무작정 화를 내고 말았습니다. 분위기는 가라앉았고 저 또한 마음이 불편한 상태에서 연습을 마치고 돌아오면서 왜 친

구들이 운동화를 챙기는 것을 잊어버리는 걸까 생각을 해보았습니다.

❷이 부분은 내용이 늘어지고 있습니다. '슬리퍼를 신고 오는 학생이 많아 친구들에게 큰소리를 내게 되었고 이 문제에 대한 원인을 생각해보았다.'는 내용을 좀 더 핵심 내용만 제시하여 글자 수를 줄여주세요.

저는 제가 큰 실수를 하고 있었다는 것을 깨달았습니다. ❸연습시간과 장소를 교실에 게시해 놓았지만, 주말에는 반 아이들이 교실과 떨어져 있는 자습실에서 공부하기 때문에 연습시간과 장소를 잘 모른다는 것은 당연한 일이었습니다. 제가 알고 있단 이유로 다른 아이들도 모두 알고 있을 것이라 생각했습니다.

❸제시한 이유는 연습시간을 학생들에게 잘 전달하지 못한 이유입니다. 많은 학생들이 슬리퍼를 신고 오지 않은 이유가 아니므로 그 내용을 정확하게 서술해주세요.

❹저는 친구들에게 화를 낸 것을 공개적으로, 그리고 공식적으로 사과했고 앞으로는 연습시간과 장소를 명시하겠다고 약속했습니다. 그리고 1학년 실장에게 찾아가 연습 전 아이들에게 충분히 공지를 해달라고 부탁했습니다.

❹이 내용은 불필요한 부분이라고 생각합니다. 삭제해주세요.

❺그 후로는 아이들이 지나가다 볼 수 있도록 자습실 문에 그 다음 날 공지를 붙여놓고 연습시간 전 쉬는 시간에도 반 아이들에게 큰소리로 다시 한 번 알리는 등 친구들이 미리 운동화를 준비할 수 있도록 했습니다. 그러자 친구들은 제가 공지를 만드는 모습을 보고 붙여주겠다며 손을 내밀었고 연습시간을 미리 알아와 큰소리로 알려 주며 저를 도와주었습니다. 놀랍게도 충분히 연습시간을 알린 후의 연습 장소에는 대부분이 운동화를 신고 있었고, 부득이하게 갈아 신지 못한 친구는 기록을 재거나 심판 역할을 부탁해 발에 무리가 가지 않도록 서로 배려해주었습니다.

그렇게 서로가 도운 결과 1, 2학년 모두 부상 없이 체육대회를 마칠 수 있었습니다.

❺ 연습시간을 잘 공지하기 위한 방법 두 개 정도 제시하고 그 과정에서 친구들도 함께한 내용과 배려한 부분을 제시하였습니다. 그런데 내용이 다소 늘어진다는 느낌입니다. 불필요한 내용은 삭제하고, 좀 더 간결하게 수정해주세요.

❻ 이 경험을 통해 제 입장으로만 생각했던 저의 잘못을 반성할 수 있었고 감정적으로 대했던 제 잘못을 이해해준 친구들에게 고마웠습니다.

❻ 가장 중요한 부분은 이 경험을 통해서 지원자가 내적 성장(발전한 부분)입니다. 그런데 한 문장만 서술되어 있습니다. 앞의 경험에 대한 내용을 최대한 줄이고 이 부분에 대하 내용을 풍부하게 서술해주세요. 문제상황의 원인을 내가 제공할 수 있다는 가능성을 알게 된 점과 함께 협력하고 배려하는 과정을 통해서 새로 알게 된 점, 깨달은 점을 구체적으로 서술해주시기 바랍니다.

학생의 수정

❶ 학교 체육 대회에서 실장으로 연습을 총괄하는 역할을 맡았던 저는 우승도 중요하지만 아이들이 연습 도중 다치지 않는 것을 가장 중요하게 생각했기 때문에 반 아이들에게 꼭 운동화를 신을 것을 강조했습니다. ❷ 하지만 아무리 당부를 해도 연습 장소에 슬리퍼를 신은 아이들은 줄지 않았고 저는 속상함에 무작정 큰소리를 내고 말았습니다. 분위기는 가라앉았고 저 또한 마음이 불편한 상태에서 친구들이 왜 운동화를 잊는 걸까 생각해보았습니다. 저는 제가 큰 실수를 하고 있었다는 것을 깨달았습니다. ❸ 연습시간과 장소를 교실에 게시해 놓았지만, 주말에는 반 아이들이 교실과 떨어진 자습실에 있기 때문에 연습시간과 장소를 잘 몰라 미리 운동화를 챙기지 못하는 것은 당연

한 일이었습니다. 제가 알고 있단 이유로 다른 아이들도 모두 알고 있을 것이라 생각했습니다. ❹(삭제) ❺그 후로는 아이들이 지나가다 볼 수 있도록 자습실 문에 공지를 붙여놓고 쉬는 시간에도 반 아이들에게 큰소리로 알리는 등 친구들이 미리 운동화를 준비할 수 있도록 했습니다. 그러자 친구들도 도와주겠다며 제게 손을 내밀었습니다. 놀랍게도 이후의 연습 장소에는 대부분이 운동화를 신고 있었고, 부득이하게 갈아 신지 못한 친구는 기록을 재거나 심판 역할을 부탁해 발에 무리가 가지 않도록 서로 배려하며 모두 부상 없이 체육대회를 마칠 수 있었습니다. ❻이번 계기로 의욕만 앞서 친구들의 상황을 고려하지 않고 그저 지도자의 입장에서 끌고 가려던 저의 욕심이 친구들에게 해가 되었다는 점을 알게 되었습니다. 그리고 이런 저의 잘못을 이해하고 손을 내밀어 준 친구들과 역할을 바꿔주며 배려하는 친구들의 모습을 보면서 서로를 이해하고 협력하며 서로의 부족한 점을 채워주는 것이 공동체의 조화에 꼭 필요한 요소라고 생각했습니다.

Ⅳ 전공 지원동기

 Ⅳ-① 학생의 초안

교육학자의 꿈을 가지고 고등학교 재학기간 동안 꾸준히 교육 재능 기부 봉사활동을 했습니다. 제가 활동했던 공부방에는 취학 전 아동부터 중학교 1학년까지 다양한 나잇이대의 학생들이 있었습니다. 저는 다양한 나이의 아이들과 함께 공부하면서 제가 나이가 어린 학생과 호흡이 더 잘 맞는다는 것을 알게 되었습니다. 또, 초등학교 고학년의 아이들은 이미 생활습관이 많이 형성되어 있어 잘못된 행동을 바로잡아 주어도 잘 고쳐지지 않았습니다. 하지만 나이가 어린 아이들의 경우 공부방에 들어오고 나갈 때 선생님께 인사하기, 화장실에서 나오기 전에 손 닦기 등의 기본 생활 습관에 대해 알려주면 곧잘 받아들이는 것이 눈에 띄었습니다. 학생들이 교육을 통해 올바른 사고체계를 형성할 수 있도록 도와주고 싶다는 생각과 교육의 중요함을 깨닫게 되어, 교육학과 진학하고 싶은 목표가 생기게 되었습니다. 한 나라의 교육과정에 따라 국가의 미래가 달라진다고 생각하기 때문에 국가에 기여할 수 있는 교육학자가 되기 위해 ○○대학교 교육학과에 지원하게 되었습니다.

선생님의 첨삭

　교육학자의 꿈을 가지고 고등학교 재학기간 동안 꾸준히 교육 재능 기부 봉사활동을 했습니다. 제가 활동했던 공부방에는 취학 전 아동부터 중학교 1학년까지 다양한 나이대의 학생들이 있었습니다. ❶저는 다양한 나이의 아이들과 함께 공부하면서 제가 나이가 어린 학생과 호흡이 더 잘 맞는다는 것을 알게 되었습니다. 또, 초등학교 고학년의 아이들은 이미 생활습관이 많이 형성되어 있어 잘못된 행동을 바로잡아 주어도 잘 고쳐지지 않았습니다. 하지만 나이가 어린 아이들의 경우 공부방에 들어오고 나갈 때 선생님께 인사하기, 화장실에서 나오기 전에 손 닦기 등의 기본 생활 습관에 대해 알려주면 곧잘 받아들이는 것이 눈에 띄었습니다.

❶교육 재능 기부 활동과 관련하여 깨닫게 된 점을 교육학과 지원동기와 연결하여 작성할 필요가 있습니다. 대부분의 내용이 봉사활동 상황과 관계된 불필요한 내용들로 주로 작성되어 있어 다른 내용으로 대체할 필요가 있어 보입니다.

　교육봉사활동을 하며 학생들이 교육을 통해 올바른 사고체계를 형성할 수 있도록 도와주고 싶다는 생각과 교육의 중요함을 깨닫게 되어, 교육학과 진학하고 싶은 목표가 생기게 되었습니다. 한 나라의 교육과정에 따라 국가의 미래가 달라진다고 생각하기 때문에 국가에 기여할 수 있는 교육학자가 되기 위해 ○○대학교 교육학과에 지원하게 되었습니다.

 학생의 수정

　교육학자의 꿈을 가지고 고등학교 재학기간 동안 꾸준히 교육 재능 기부 봉사활동을 했습니다. 제가 활동했던 공부방에는 취학 전 아동부터 중학교 1학년까지 다양한 나이대의 학생들이 있었습니다. ❶다양한 나이의 아이들과 함께 공부를 하면서 아이들의 발달 상태에 따라 요구되는 교육방법이 다르다는 것을 알게 되었고, 작은 가르침에도 아이들의 행동의 변화가 일어나는 것을 보면서 매우 큰 보람을 느끼게 되었습니다. 또한 학생들이 교육을 통해 올바른 사고체계를 형성할 수 있도록 도와주고 싶다는 생각과 교육의 중요함을 깨닫게 되어, 교육학과 진학하고 싶은 목표가 생기게 되었습니다. 한 나라의 교육과정에 따라 국가의 미래가 달라진다고 생각하기 때문에 국가에 기여할 수 있는 교육학자가 되기 위해 ○○대학교 교육학과에 지원하게 되었습니다.

한국 사회에 관심을 가지면서 문제점을 해결하기 위해서는 사회학을 공부하여 좋은 사회제도를 만들고 싶다고 생각하게 되었습니다. 고등학교 2학년 때 사회 수업시간에 선진국가의 사회를 학습하면서 구체적인 꿈을 키울 수 있었습니다. 선생님께서 블로그에 올려놓으신 핀란드 복지제도 영상을 보면서 호기심이 생겨 수업시간에 영상 내용과 관련된 핀란드의 사회복지와 교육복지를 주제로 발표를 하게 되었습니다. 저는 발표수업 준비를 하면서 새로운 사실을 발견했습니다. 핀란드의 사회복지 제도는 결국 교육제도에도 영향을 미쳐 최고의 교육선진국을 이루고, OECD 국가 중 국민의 행복지수가 1위인 국가가 되었다는 것입니다. 다른 수업시간에 흥미를 갖지 못하고 졸음과 사투를 버리던 제가 사회 시간만 되면 눈이 초롱초롱해져 열심히 수업에 임하고 있던 것이었습니다. 이를 계기로 다방면의 사회현상 및 문제에 대해 연구하는 사회학 연구원이 되고 싶어 ○○대학교 사회학과에 지원하게 되었습니다.

선생님의 첨삭

❶한국 사회에 관심을 가지면서 문제점을 해결하기 위해서는 사회학을 공부하여 좋은 사회제도를 만들고 싶다고 생각하게 되었습니다. 고등학교 2학년 때 사회 수업시간에 선진국가의 사회를 학습하면서 구체적인 꿈을 키울 수 있었습니다.

❶좋은 사회제도를 만들고 싶다는 생각과 지원자가 가지게 된 꿈에 대한 내용이 매끄럽게

연결될 수 있도록 전후 관계를 생각하여 표현을 바꿔주세요.

선생님께서 블로그에 올려놓으신 핀란드 복지제도 영상을 보면서 호기심이 생겨 수업시간에 영상 내용과 관련된 핀란드의 사화복지와 교육복지를 주제로 발표를 하게 되었습니다. 저는 발표수업 준비를 하면서 새로운 사실을 발견했습니다. 핀란드의 사회복지 제도는 결국 교육제도에도 영향을 미쳐 최고의 교육선진국을 이루고, OECD 국가 중 국민의 행복지수가 1위인 국가가 되었다는 것입니다. ❷다른 수업시간에 흥미를 갖지 못하고 졸음과 사투를 버리던 제가 사회 시간만 되면 눈이 초롱초롱해져 열심히 수업에 임하고 있던 것이었습니다.

❷자기소개서의 내용 전개상 불필요한 내용이 반영되어 있습니다. 문장을 삭제한 뒤 핀란드의 복지정책을 통해 깨달은 점과 본인이 전공하고 싶은 내용과 연결하여 작성해주세요.

이를 계기로 다방면의 사회현상 및 문제에 대해 연구하는 사회학 연구원이 되고 싶어 ○○대학교 사회학과에 지원하게 되었습니다.

❶우리나라에서 발생하는 사회문제에 관심을 가지게 되면서 사회학을 공부하여 좋은 사회제도 만들고 싶다는 생각을 하였습니다. 그러던 중 고등학교 사회 수업시간에 배운 선진국가의 사회화를 학습하게 되면서 좀 더 구체적인 꿈을 키우게 되었습니다. 선생님께서 블로그에 올려놓으신 핀란드 복지제도 영상을 보면서 호기심이 생겨 수업시간에 영상 내용과 관련된 핀란드의 사화복지와 교육복지를 주제로 발표를 하게 되었습니다. 저는 발표수업 준비를 하면서 새로운 사실을 발견했습니다. 핀란드의 사회복지 제도는 결국 교육제도에도 영향을 미쳐 최고의 교육선진국을 이루고, OECD 국가 중 국민의 행복지

수가 1위인 국가가 되었다는 것입니다. ❷이러한 선진국의 사회제도
가 국민의 행복지수로 연계된다는 점이 흥미로웠고, 우리나라의 사회
제도 개선을 통해 국민의 행복지수를 높이는 방법에 대해 관심을 가
지게 되었습니다. 이를 계기로 다방면의 사회현상 및 문제에 대해 연
구하는 사회학 연구원이 되고 싶어 ○○대학교 사회학과에 지원하게
되었습니다.

Ⅳ- ③ 학생의 초안

수학교육봉사를 3년간 하면서 학생들이 수학을 포기하는 현상을 많이 경험하였습니다. '수학을 포기한 사람들'이라는 신조어가 생길 정도로 사회적으로 문제가 되는 것을 보고 수학을 왜 어려워하는지 원인이 궁금해졌습니다. 저는 친구들과 이 문제를 알아보기 위해 '수학을 포기한 사람들'이라는 주제로 UCC를 제작하였습니다. 그 결과 우리나라의 수학은 입시위주의 수학공부를 하여 많은 문제를 빨리 푸는 데 중점을 두어 그 속도에 맞추지 못하는 많은 학생이 힘들어하고 있다는 사실을 알았습니다. 고교활동 중 '행복수학 창의적 체험활동'에서 수학과 문학의 만남, 조노돔, 시어핀스키 피라미드를 만들었던 즐거웠던 경험이 떠올랐습니다. 수학을 시험과목으로만 생각하는 학생들에게 흥미로운 수학의 세계를 보여줌으로써 수학의 재미를 이끌어낼 수 있다는 생각이 들었습니다. 이때부터 재미있게 가르치는 수학교사의 꿈이 생겼습니다.

선생님의 첨삭

❶수학교육봉사를 3년간 하면서 학생들이 수학을 포기하는 현상을 많이 경험하였습니다.

❶ 수학을 포기하는 현상보다는 수학을 포기하는 학생들을 많이 보았다는 표현이 적절해 보입니다. 채점관이 내용을 명확하게 이해할 수 있도록 표현을 수정해주세요

'수학을 포기한 사람들'이라는 신조어가 생길 정도로 사회적으로 문제가 되는 것을 보고 수학을 왜 어려워하는지 원인이 궁금해졌습니다. 저

는 친구들과 이 문제를 알아보기 위해 '수학을 포기한 사람들'이라는 주제로 UCC를 제작하였습니다. ❷그 결과 우리나라의 수학은 입시 위주의 수학공부를 하여 많은 문제를 빨리 푸는데 중점을 두어 그 속도에 맞추지 못하는 많은 학생이 힘들어하고 있다는 사실을 알았습니다.

❷UCC를 만들면서 알게 된 내용을 채점관이 좀 더 명확하게 이해할 수 있도록 작성할 필요가 있습니다.

고교활동 중 '행복수학 창의적 체험활동'에서 수학과 문학의 만남, 조노돔, 시어핀스키 피라미드를 만들었던 즐거웠던 경험이 떠올랐습니다. 수학을 시험과목으로만 생각하는 학생들에게 흥미로운 수학의 세계를 보여줌으로써 수학의 재미를 이끌어낼 수 있다는 생각이 들었습니다.

이때부터 재미있게 가르치는 수학교사의 꿈이 생겼습니다.

학생의 수정

❶3년 동안 수학봉사활동을 하면서 수학공부가 어려워서 포기하는 친구들을 많이 보았습니다. '수학을 포기한 사람들'이라는 신조어가 생길 정도로 사회적으로 문제가 되는 것을 보고 수학을 왜 어려워하는지 하는지 원인이 궁금해졌습니다. 저는 친구들과 이 문제를 알아보기 위해 '수학을 포기한 사람들'이라는 주제로 UCC를 제작하였습니다. ❷UCC를 만들기 위해 수학을 포기한 친구들과 인터뷰를 하였습니다. 입시 위주의 수학 공부를 하다 보니 원리가 제대로 이해되지 않은 채 문제를 푸는데 중점을 두고 공부하여 수학 공부에 대한 흥미를 잃게 된 친구들이 많았습니다. 고교활동 중 '행복수학 창의적 체험활동'에서 수학과 문학의 만남, 조노돔, 시어핀스키 피라미드를 만들었던 즐거웠던 경험이 떠올랐습니다. 수학을 시험과목으로만 생각하

는 학생들에게 흥미로운 수학의 세계를 보여줌으로써 수학의 재미를 이끌어낼 수 있다는 생각이 들었습니다. 이때부터 재미있게 가르치는 수학교사의 꿈이 생겼습니다.

Ⅴ 전공 준비 노력과정 및 배운 점

Ⅴ-Ⅰ 학생의 초안

　교육학이라는 학문이 모든 인재를 양성하는 학의 기초가 되고 현대 사회에서 부딪히는 문제들을 탐구하고, 교육문화를 발전시키는 학문이란 것을 알게 되었습니다. 이에 흥미를 느껴 교육의 발달에 대해 찾아보던 중 행동주의와 구성주의에 대해 알게 되었습니다. 사고와 지식에 대한 많은 것들을 깊이 생각해보는 시간을 가지고자, '참'이라는 교육 관련 자율동아리를 친구들과 만들어 교육 관련 책을 읽고 발표하는 시간을 가졌습니다. 책 속에 어려운 내용들을 쉬운 말로 풀어 내용을 구체적으로 설명하면서 주변에서 일어나는 교육문제들과 연관지어 감상을 발표하였습니다. 또한, 다른 팀들이 발표하는 책들에 대해 어려운 부분들을 찾아서 함께 이해하고 분석하는 시간을 가졌습니다. 1학년 때 독서 토론 동아리에서는 문화, 교육 등 넓은 분야의 책을 읽었지만 2학년 때 '참' 자율동아리에서는 분야를 전문화하여 교육심리에 대한 책을 읽어 구체적으로 정보를 알아가면서 이해의 폭이 넓혔습니다. 이를 통해 제가 읽지 않은 책에 대해서 설명을 듣고 교육학에 관한 많은 책들을 접해 볼 수 있었으며, 친구들의 가치관과 감상을 들을 수 있어서 다양한 가치관을 알아가는 시간이 되었습니다. 저는 인간과 인간의 삶을 제대로 알기 위해서는 모든 분야에서 교육이 기초가 되어야 한다고 생각합니다. 그래서 교육을 통해 한국의 사상과 가치를 세계에 알리고 세계로 향하는 인재를 양성할 수 있도록 교육학을 공부하여 글로벌 사회를 만드는 데 힘쓰고 싶습니다.

선생님의 첨삭

교육학이라는 학문이 모든 인재를 양성하는 학의 기초가 되고 현대 사회에서 부딪히는 문제들을 탐구하고, 교육문화를 발전시키는 학문이란 것을 알게 되었습니다. ❶이에 흥미를 느껴 교육의 발달에 대해 찾아보던 중 행동주의와 구성주의에 대해 알게 되었습니다.

❶ 내용 전개상 불필요한 내용임으로 다른 내용으로 대체할 필요가 있습니다. 행동주의 구성주의는 교수학습이론, 교육심리학과 관계된 이론으로 교육의 발달이라는 표현은 잘못된 표현으로 오해를 불러일으킬 수 있습니다. 잘못된 정보를 아는 것 같이 표현하는 경우 오히려 채점관에게 좋지 인상을 줄 수 있음으로 다른 내용으로 대체해주세요.

사고와 지식에 대한 많은 것들을 깊이 생각해보는 시간을 가지고자, '참'이라는 교육관련 자율동아리를 친구들과 만들어 교육 관련 책을 읽고 발표하는 시간을 가졌습니다. 책 속에 어려운 내용들을 쉬운 말로 풀어 내용을 구체적으로 설명하면서 주변에서 일어나는 교육문제들과 연관 지어 감상을 발표하였습니다. 또한, 다른 팀들이 발표하는 책들에 대해 어려운 부분들을 찾아서 함께 이해하고 분석하는 시간을 가졌습니다. ❷1학년 때 독서 토론 동아리에서는 문화, 교육 등 넓은 분야의 책을 읽었지만 2학년 때 '참' 자율동아리에서는 분야를 전문화하여 교육심리에 대한 책을 읽어 구체적으로 정보를 알아가면서 이해의 폭을 넓혔습니다.

❷ 1학년 때 독서 토론 동아리 활동에 대한 내용은 채점관에게 불필요한 내용임으로 삭제해주세요.

이를 통해 제가 읽지 않은 책에 대해서 설명을 듣고 교육학에 관한 많은 책들을 접해 볼 수 있었으며, 친구들의 가치관과 감상을 들을 수 있어서 다양한 가치관을 알아가는 시간이 되었습니다. 저는 인간과 인간의

삶을 제대로 알기 위해서는 모든 분야에서 교육이 기초가 되어야 한다고
생각합니다. ❸그래서 교육을 통해 한국의 사상과 가치를 세계에 알리고
세계로 향하는 인재를 양성할 수 있도록 교육학을 공부하여 글로벌 사회
를 만드는 데 힘쓰고 싶습니다.

❸ 글로벌 사회를 만드는 것이 교육학을 공부하는 궁극적 목표로 보기 어렵습니다. 먼저 우리
나라에서 어떤 교육이 필요한지, 이러한 교육을 위해 어떻게 하고 싶은지를 구체적으로 작
성할 필요가 있습니다. 그 뒤로 글로벌 시대에 필요한 인재를 육성하기 위해 어떻게 할 것
인지 작성하면 내용 전개상 좋을 것 같습니다.

교육학이라는 학문이 모든 인재를 양성하는 학의 기초가 되고 현
대 사회에서 부딪히는 문제들을 탐구하고, 교육문화를 발전시키는 학
문이란 것을 알게 되었습니다. ❶또한 교육학은 우리나라 교육의 토
대가 되는 학문으로 교육학 이론에 대한 튼튼한 학문적 뿌리를 갖추
게 되면, 우리나라 교육이 발전하는데 큰 도움이 된다는 것을 알게 되
었습니다. 이를 위해 교육과 관련한 사고와 지식에 대한 많은 것들을
깊이 생각해보는 시간을 가지고자, '참'이라는 교육 관련 자율동아리
를 친구들과 만들어 교육 관련 책을 읽고 발표하는 시간을 가졌습니
다. 책 속에 어려운 내용들을 쉬운 말로 풀어 내용을 구체적으로 설
명하면서 주변에서 일어나는 교육문제들과 연관 지어 감상을 발표하
였습니다. 또한, 다른 팀들이 발표하는 책들에 대해 어려운 부분들을
찾아서 함께 이해하고 분석하는 시간을 가졌습니다. ❷'참' 자율동아
리 활동을 하면서 교육학 분야에 대한 내용을 심도 있게 공부하기 위
해 교육학 중 교육심리에 대한 책을 읽어 구체적으로 정보를 알아가
면서 이해의 폭을 넓히고자 하였습니다. 이를 통해 제가 읽지 않은 책

에 대해서 설명을 듣고 교육학에 관한 많은 책들을 접해 볼 수 있었으며, 친구들의 가치관과 감상을 들을 수 있어서 다양한 가치관을 알아가는 시간이 되었습니다. 저는 인간과 인간의 삶을 제대로 알기 위해서는 모든 분야에서 교육이 기초가 되어야 한다고 생각합니다. ❸그래서 교육학을 공부하여 학생 모두가 열린 가능성을 가지고, 성장할 수 있는 교육을 목표로 하여 학생 모두가 지덕체를 겸비한 인재로 성장할 수 있는 교육적 토대를 쌓고 싶습니다. 더 나아가 글로벌 시대에 세계로 나아가는 인재를 양성할 수 있도록 다양성과 개방성을 갖춘 교육을 하고 싶습니다.

V-② 학생의 초안

CEO가 되기 위해 갖추어야 할 첫 번째 자질은 리더십이라 생각합니다. 리더의 모습이 앞서나가며 뒤의 사람들을 이끌어주는 것만이라고 생각하지 않습니다. 앞서나가지 않아도 옆에서 함께 헤쳐나가는 조력자의 역할 역시도 리더의 중요한 자질이라 생각합니다. 학급 부반장으로 활동하며 친구들을 바로 옆에서 도와주려 노력했습니다. 학급 회의 시간, 반장의 진행이 막히지 않게 안건들을 정리한 후 집중하지 않는 친구들을 집중하도록 하였고 자율학습 시간에는 교탁 옆에 책상을 두고 앉아 저부터 공부하는 모습을 보여 학급의 면학 분위기를 조성하기 위해 노력했습니다. 앞에서 친구들에게 이래라저래라 하기보다는 친구들에게 바라는 일을 저부터 옆에서 실천하면서 친구들에게 도움을 주고자 노력했습니다. 이를 통해 진정한 리더십이 무엇인가를 깨우칠 수 있었고 이러한 '리더십'은 CEO가 되는데 꼭 필요한 능력이라고 생각합니다. 향후 CEO가 된다면 제가 노력한 일들을 바탕으로 동료들과 함께 성장해나가고 싶습니다.

 선생님의 첨삭

CEO가 되기 위해 갖추어야 할 첫 번째 자질은 리더십이라 생각합니다. ❶리더의 모습이 앞서나가며 뒤의 사람들을 이끌어주는 것만이라고 생각하지 않습니다. 앞서나가지 않아도 옆에서 함께 헤쳐나가는 조력자의 역할 역시도 리더의 중요한 자질이라 생각합니다.

❶ CEO가 동료들의 옆에서 함께 헤쳐가야 하는 중요성에 대한 내용이 제시되는 것이 적절

120

합니다. 예 CEO가 아닌 동료들은 스스로 의사결정을 하기 어려운 경우가 있으므로 그때 동료들을 존중하면서 올바른 선택을 할 수 있도록 도와야 하기 때문입니다.

학급 부반장으로 활동하며 친구들을 바로 옆에서 도와주려 노력했습니다. 학급 회의 시간. 반장의 진행이 막히지 않게 안건들을 정리한 후 집중하지 않는 친구들을 집중하도록 하였고 자율학습 시간에는 ❷교탁 옆에 책상을 두고 앉아 저부터 ❷불필요한 내용을 줄여주세요. 공부하는 모습을 보여 학급의 면학 분위기를 조성하기 위해 노력했습니다. 앞에서 친구들에게 ❸이래라저래라 하기보다는 ❸조금 더 명료한 표현으로 바꾸어 주세요. 친구들에게 바라는 일을 저부터 옆에서 실천하면서 친구들에게 도움을 주고자 노력했습니다. ❹이를 통해 진정한 리더십이 무엇인가를 깨우칠 수 있었고 이러한 '리더십'은 CEO가 되는데 꼭 필요한 능력이라고 생각합니다. ❹글 전체에 배운 점이 빠져있습니다. 본인의 생각을 배운 점으로 수정해 주세요. 향후 CEO가 된다면 제가 노력한 일들을 바탕으로 동료들과 함께 성장해나가고 싶습니다.

 학생의 수정

CEO가 되기 위해 갖추어야 할 첫 번째 자질은 리더십이라 생각합니다. ❶CEO는 '옆에서 힘든 일들을 함께 헤쳐나가려는 자세'가 필요하다고 생각합니다. 동료들은 스스로 의사 결정을 하기 어려운 경우가 있으므로 그때 동료들이 올바른 선택을 할 수 있도록 도와야 하기 때문입니다. 학급 부반장으로 활동하며 친구들을 바로 옆에서 도와주려 노력했습니다. 학급 회의 시간. 반장의 진행이 막히지 않게 안건들을 정리한 후 집중하지 않는 친구들을 집중하도록 하였고 자율학습 시간에는 ❷저부터 공부하는 모습을 보여 학급의 면학 분위기를 조성

하기 위해 노력했습니다. 앞에서 친구들에게 ❸지시하기보다는 친구들에게 바라는 일을 저부터 옆에서 실천하면서 친구들에게 도움을 주고자 노력했습니다. ❹이를 통해 조력자로서의 CEO의 역할이 무엇인지를 다시 한번 생각해보는 계기가 되었고 도움이 필요한 아이들에게 어떤 식으로 도움을 주어야 하는지를 배울 수 있었습니다.

향후 CEO가 된다면 제가 노력한 일들을 바탕으로 동료들과 함께 성장해나가고 싶습니다.

Ⅴ-③ 학생의 초안

저는 또래 상담 동아리에 들어가 상담사로서의 전문성을 키우기 위해 노력했습니다. 친구들에게 내담자가 되어 달라고 요청하며 상담기법 교육과 실전 연습을 병행했습니다. 제 상담이 효과를 발휘한다는 생각이 들었을 때, 전까지는 제대로 하지 못했던 사람의 마음을 진심으로 이해하고 있다는 것을 발견하게 되었습니다. 그 후에도 상담할 때마다 단순히 이야기를 들어주고 겉으로만 신경 써주는 모습이 아니라 제 마음에서부터 진심으로 공감할 수 있도록 노력했습니다. 그리고 상담 봉사를 하면서 아이들의 마음을 아이들의 시선에서 이해할 수 있는 법을 배워갔습니다. 또한 보육원에서 봉사활동을 하면서, 웃는 얼굴로 다가가면 아이들과 친해지는 데 무리가 없으리라 생각했습니다. 하지만 아이들이 마음을 닫고 저와 이야기하지 않았을 때, 제 태도를 바꾸어야겠다고 생각했고, 아이들이 마음을 열 때까지 기다리면서 천천히 친해지고자 했습니다. 또래 친구들에게는 봉사자가 아닌 친구처럼 다가가고자 노력했습니다. 상담했을 때처럼 공감과 진심으로 다가갈 때, 아이들이 제 마음을 깨달을 수 있었습니다.

선생님의 첨삭

저는 또래 상담 동아리에 들어가 상담사로서의 전문성을 키우기 위해 노력했습니다. ❶친구들에게 내담자가 되어 달라고 요청하며 상담기법 교육과 실전 연습을 병행했습니다. ❶앞 문장과의 연결이 조금 더 자연스럽게 표현해 보세요. 제 상담이 효과를 발휘한다는 생각이 들었을 때, ❷전까지는 제대로 하지 못했던 사람의 ❷불필요한 내용을 줄인 핵심 단어로 수정해 보세요. 마음을 진심으로 이해하고 있다는 것을 발견하게 되었습니다. 그 후에도 상담할 때마다 단순히 이야기를 들어주고 겉으로만 신경 써주는 모습이 아니라 제 마음에서부터 진심으로 공감할 수 있도록 노력했습니다. 그리고 상담 봉사를 하면서 아이들의 마음을 아이들의 시선에서 이해할 수 있는 법을 배워갔습니다. 또한 보육원에서 봉사활동을 하면서, 웃는 얼굴로 다가가면 아이들과 친해지는 데 무리가 없으리라 생각했습니다. 하지만 아이들이 마음을 닫고 ❸저와 이야기하지 않았을 때, ❸글의 맥락에 조금 더 공감할 수 있는 표현으로 바꾸어 보세요. 제 태도를 바꾸어야겠다고 생각했고, 아이들이 마음을 열 때까지 기다리면서 천천히 친해지고자 했습니다. ❹또래 친구들에게는 봉사자가 아닌 친구처럼 다가가고자 노력했습니다. 상담했을 때처럼 공감과 진심으로 다가갈 때, 아이들이 제 마음을 깨달을 수 있었습니다.

❹ 지원자가 노력한 부분은 앞의 글의 내용에서 확인이 가능합니다. 지원자가 배운 점 위주로 수정해 보세요

학생의 수정

> 저는 또래 상담 동아리에 들어가 상담사로서의 전문성을 키우기 위해 노력했습니다. ❶또래 친구들의 고민을 상담하면서 상담기법을 실전에 적용하는 연습을 병행하였습니다. 제 상담이 효과를 발휘한다는 생각이 들었을 때, ❷상대방의 마음을 진심으로 이해하고 있다는 것을 발견하게 되었습니다. 그 후에도 상담할 때마다 단순히 이야기를 들어주고 겉으로만 신경 써주는 모습이 아니라 제 마음에서부터 진심으로 공감할 수 있도록 노력했습니다. 그리고 상담 봉사를 하면서

아이들의 마음을 아이들의 시선에서 이해할 수 있는 법을 배워갔습니다. 또한 보육원에서 봉사활동을 하면서, 웃는 얼굴로 다가가면 아이들과 친해지는 데 무리가 없으리라 생각했습니다. 하지만 아이들이 마음을 닫고 ❸저에게 다가오지 않을 때 제 태도를 바꾸어야겠다고 생각했고, 아이들이 마음을 열 때까지 기다리면서 천천히 친해지고자 했습니다. ❹이러한 경험을 통해 아이들의 마음을 공감하고 진심으로 다가가면, 아이들 역시 마음의 문을 열게 된다는 것을 알게 되었습니다.

Ⅵ 대학 입학 후 학업 및 진로계획

Ⅵ-① 학생의 초안

만약 제가 ○○대학교 사회복지학과에 입학하게 된다면, 우선 영어를 중점적으로 공부할 것입니다. 세계 여러 나라의 전문서적을 통해 사회학의 지식과 이론을 이해하고 싶고, 교환학생도 계획에 있기 때문입니다. 여러 나라의 사회제도와 현상을 이해하고 그들의 문화를 고려한 사회학분야를 전문적으로 공부하고 싶습니다. 특히 사회복지와 힘의 논리의 놓여있는 수많은 사회현상 등에 대해 전문적으로 공부하여 사회적 약자들의 참여도를 올릴 수 있는 사회풍토를 만들고 싶습니다. 이를 위해 강의시간에 다루는 전공 공부뿐 아니라 이와 관련된 다양한 사례를 찾아보는 등 적극적으로 지식과 경험을 넓힐 것입니다. 또한 방학 때는 다양한 견학프로그램과 봉사활동을 통해 한국의 사회 제도를 이해하고 공부한 내용을 적용하는 사회활동도 해보고 싶습니다. 이렇게 저는 꿈을 위한 토대를 마련하고 현장 경험을 통해 밝은 사회를 만들어 가는 사회복지사가 될 수 있도록 노력할 것입니다.

선생님의 첨삭

만약 제가 ○○대학교 사회복지학과에 입학하게 된다면, 우선 영어를 중점적으로 공부할 것입니다. 세계 여러 나라의 전문서적을 통해 사회학의 지식과 이론을 이해하고 싶고, ❶교환학생도 계획에 있기 때문입니다. 여러 나라의 사회제도와 현상을 이해하고 그들의 문화를 고려한 사회학분야를 전문적으로 공부하고 싶습니다.

❶ 지원자가 어떤 이유로 교환학생을 가고 싶은지 본인의 지원 전공 및 학업계획과 연결하여 내용을 수정할 필요가 있습니다.

특히 사회복지와 힘의 논리의 놓여있는 수많은 사회현상 등에 대해 전문적으로 공부하여 사회적 약자들의 참여도를 올릴 수 있는 사회풍토를 만들고 싶습니다. 이를 위해 강의시간에 다루는 전공 공부 뿐 아니라 이와 관련된 다양한 사례를 찾아보는 등 적극적으로 지식과 경험을 넓힐 것입니다. 또한 방학 때는 다양한 견학프로그램과 봉사활동을 통해 한국의 사회 제도를 이해하고 공부한 내용을 적용하는 사회활동도 해보고 싶습니다. 이렇게 저는 꿈을 위한 토대를 마련하고 현장 경험을 통해 밝은 사회를 만들어 가는 사회복지사가 될 수 있도록 노력할 것입니다.

학생의 수정

만약 제가 ○○대학교 사회학과에 입학하게 된다면, 우선 영어를 중점적으로 공부할 것입니다. 세계 여러 나라의 전문서적을 통해 사회학의 지식과 이론을 이해하고 싶고, ❶교환학생 을 통해 외국의 다양한 사회제도와 사회적 현상을 경험하고 하나의 사회현상에도 다양한 시각을 갖출 수 있는 열린 태도를 가지고 싶기 때문입니다. 특히 사회복지와 힘의 논리의 놓여있는 수많은 사회현상 등에 대해 전문적으로 공부하여 사회적 약자들의 참여도를 올릴 수 있는 사회풍토를 만들고 싶습니다. 이를 위해 강의시간에 다루는 전공 공부뿐 아니라 이와 관련된 다양한 사례를 찾아보는 등 적극적으로 지식과 경험을 넓힐 것입니다. 또한 방학 때는 다양한 견학프로그램과 봉사활동을 통해 한국의 사회 제도를 이해하고 공부한 내용을 적용하는 사회활동도 해보고 싶습니다. 이렇게 저는 꿈을 위한 토대를 마련하고 현장 경험을 통해 밝은 사회를 만들어 가는 사회복지사가 될 수 있도록 노력할 것입니다.

VI - ② 학생의 초안

○○대학교에 진학하게 된다면, 교환학생 제도를 통해 외국의 수학 교육에 대해 알아보고 싶습니다. 외국에는 우리나라와는 다른 특별한 교수법이 존재하거나 수학에 대한 다른 인식을 가지고 있을 수 있습니다. 교환학생 제도를 통해 외국 환경을 직접 경험해보거나 학교에 온 교환학생 친구와 이야기하는 시간을 가져 시야를 우리나라 안으로만 한정하기보다는 다른 나라의 모습을 배우고 관찰하며, 수학에 대한 시야를 넓힐 수 있는 좋은 기회를 가질 수 있다고 생각합니다. 그리고 이를 통해 배운 것을 수학자가 되었을 때 학생들에게 가르쳐주어 학생들 또한 외국의 수학 교육에 대해 느껴볼 수 있는 기회를 제공하고 싶습니다.

이러한 꿈을 이루기 위한 과정 속에서 ○○대학교에서의 배움의 시간을 통해 부족한 점을 채우고, 더욱 발전하여 좋은 수학자가 될 수 있다고 생각합니다.

 선생님의 첨삭

❶○○대학교에 진학하게 된다면, ❶전공도 함께 기술해주세요. 교환학생 제도를 통해 외국의 수학 교육에 대해 알아보고 싶습니다. 외국에는 우리나라와는 다른 특별한 교수법이 존재하거나 수학에 대한 다른 인식을 가지고 있을 수 있습니다. 교환학생 제도를 통해 외국 환경을 직접 경험해보거나 학교에 온 교환학생 친구와 이야기하는 시간을 가져 ❷시야를 우리나라 안으로만 한정하기 보다는 ❷불필요한 내용입니다. 다른 나라의 모습

을 배우고 관찰하며, ❸수학에 ❸뒷 문장과의 맥락과 부합하는 문구로 수정해 보세요.

대한 시야를 넓힐 수 있는 좋은 기회를 가질 수 있다고 생각합니다. 그리고 이를 통해 배운 것을 수학자가 되었을 때 학생들에게 가르쳐주어 학생들 또한 외국의 수학 교육에 대해 느껴볼 수 있는 기회를 제공하고 싶습니다.

❹이러한 꿈을 이루기 위한 과정 속에서 ○○대학교에서의 배움의 시간을 통해 부족한 점을 채우고, 더욱 발전하여 좋은 수학자가 될 수 있다고 생각합니다.

❹ 문장이 조금 더 매끄럽고, 생각이 아닌 계획을 표현해 보세요.

학생의 수정

❶○○대학교 수학과에 진학하게 된다면, 교환학생 제도를 통해 외국의 수학 교육에 대해 알아보고 싶습니다. 외국에는 우리나라와는 다른 특별한 교수법이 존재하거나 수학에 대한 다른 인식을 가지고 있을 수 있습니다. 교환학생 제도를 통해 외국 환경을 직접 경험해보거나 학교에 온 교환학생 친구와 이야기하는 시간을 가져 ❷(삭제) 다른 나라의 모습을 배우고 관찰하며, ❸수학이라는 학문에 대한 시야를 넓힐 수 있는 좋은 기회를 가질 수 있다고 생각합니다. 그리고 이를 통해 배운 것을 수학자가 되었을 때 학생들에게 가르쳐주어 학생들 또한 외국의 수학 교육에 대해 느껴볼 수 있는 기회를 제공하고 싶습니다.

❹이러한 수학자의 꿈을 이루기 위해서 ○○대학교에서의 배움을 통해 부족한 점을 보완하여, 학문적으로 긍정적인 영향을 주는 학자가 되고 싶습니다.

Ⅵ-③ 학생의 초안

입학 후 학업계획은 첫째 다양한 것을 가르치는 영어교사로서 전공교육을 이수하는데 최선을 다할 것입니다. 둘째 교사에게 필요한 교육 체험과 연구 활동으로 교직의 전문성을 높이는데 최선의 노력을 할 것입니다. 셋째 교사는 다양한 활동 경험을 토대로 학생들에게 풍부한 지식을 가르쳐주어야 한다고 생각합니다. 해외어학연수와 교환학생제도 등의 글로벌 프로그램을 경험하여 세계인과 교류하며 동행할 미래의 영어교사로서 글로벌 마인드와 역량을 길러주는 길잡이가 되도록 노력할 것입니다. 넷째 동아리는 자기계발에 있어 아주 중요한 역할을 한다고 생각합니다. 전공에 도움이 되는 동아리뿐만 아니라 취미 활동 동아리에 들어 즐거운 대학생활과 함께 예비교사로서 필요한 예체능과 같은 다양한 능력을 키울 것입니다. 마지막으로 ○○봉사단으로 국내 및 해외봉사에 참여하여 어려운 환경에 있는 사람들에게 제가 가진 재능과 마음을 나눔으로 교사로서 사랑과 나눔을 실천하는 솔선수범의 본을 보이겠습니다.

선생님의 첨삭

❶입학 후 ❶어디에 입학하는지 구체적으로 기술해주세요. 학업계획은 첫째 다양한 것을 가르치는 영어교사로서 전공교육을 이수하는데 최선을 다할 것입니다. 둘째 교사에게 필요한 교육 체험과 연구 활동으로 교직의 전문성을 높이는데 최선의 노력을 할 것입니다. 셋째 교사는 다양한 활동 경험을 토대로 학생들에게 풍부한 지식을 가르쳐주어야 한다고 생각합니다. 해

외어학연수와 교환학생제도 등의 글로벌 프로그램을 경험하여 세계인과 교류하며 ❷동행 할 미래의 영어교사로서 글로벌 마인드와 역량을 길러주는 길잡이가 되도록 노력할 것입니다.

❷앞 뒤 문장의 문맥상 굳이 영어교사를 강조하는 것 보다 빠져있는 교육의 대상을 기술하는 것이 글의 연결이 자연스럽습니다.

넷째 동아리는 자기계발에 있어 아주 중요한 역할을 한다고 생각합니다. ❸전공에 도움이 되는 동아리뿐만 아니라 취미 활동 동아리에 들어 즐거운 대학생활과 함께 예비교사로서 필요한 예체능과 같은 다양한 능력을 키울 것입니다.

❸전공을 구체적으로 표현하세요. 그리고 즐거운 대학생활 강조하기 위해 예체능 능력을 기술한 것은 글의 맥락에 맞지 않습니다. 글의 맥락에 맞게 다른 단어로 바꾸어주세요.

마지막으로 ○○봉사단으로 국내 및 해외봉사에 참여하여 어려운 환경에 있는 사람들에게 제가 가진 재능과 마음을 나눔으로 교사로서 사랑과 나눔을 실천하는 솔선수범의 본을 보이겠습니다.

학생의 수정

❶입학 후 학업계획은 첫째 다양한 것을 가르치는 영어교사로서 전공교육을 이수하는데 최선을 다할 것입니다. 둘째 교사에게 필요한 교육 체험과 연구 활동으로 교직의 전문성을 높이는데 최선의 노력을 할 것입니다. 셋째 교사는 다양한 활동 경험을 토대로 학생들에게 풍부한 지식을 가르쳐주어야 한다고 생각합니다. 해외어학연수와 교환학생제도 등의 글로벌 프로그램을 경험하여 세계인과 교류하며 ❷글로벌 마인드와 역량을 키워 학생들에게 올바른 길잡이가 되도록 노력할 것입니다. 넷째 동아리는 자기계발에 있어 아주 중요한 역할을 한

다고 생각합니다. ❸영어 관련 동아리뿐만 아니라 취미 활동 동아리에 들어 즐거운 대학생활과 함께 예비교사로서 필요한 소양을 갖추기 위해 노력할 것입니다. 마지막으로 ○○봉사단으로 국내 및 해외봉사에 참여하여 어려운 환경에 있는 사람들에게 제가 가진 재능과 마음을 나눔으로 교사로서 사랑과 나눔을 실천하는 솔선수범의 본을 보이겠습니다.

Ⅶ 자신에게 가장 큰 영향을 준 책

〖글의 전개 방향 예시〗 독서활동을 통해서 지원자의 인성이나 가치관이 지원학과에 어떠한 강점을 갖고 있는지 채점관이 느낄 수 있도록 서술해야 합니다. 그러기 위해서 구체적인 책의 내용을 통해서 지원자가 좋은 영향을 받았던 부분을 제시하게 될 것입니다. 그런데 독서록이 아니므로 책을 왜 읽게 되었는지를 구체적으로 나타내지 않아도 됩니다. 책의 전반적인 줄거리를 제시할 필요는 없지만 어떤 종류의 책인지는 제시할 필요가 있습니다. 그리고 지원자가 이 문항에서 보여주고 싶은 인성이나 가치관이 형성되도록 도와준 책의 내용은 서술해 주어야 합니다. 이어서 책의 그 부분에서 지원자는 무엇을 느낄 수 있었고 어떠한 인성과 가치관이 형성되었는지 보여주면 됩니다.

 Ⅶ-① 학생의 초안

《죽은 시인의 사회》

　책 속에 나오는 키팅 선생님은 학교에 전통적으로 내려오는 딱딱한 수업방식을 거부하고 자기만의 개성으로 학생들을 사로잡아 더 의미 있는 공부를 할 수 있도록 유도하였습니다. 비록 닐의 비극적이 죽음으로 책은 마무리가 되지만, 키팅 선생님 덕분에 닐은 스스로가 하고 싶은 것과 잘하는 것을 깨닫고 그것을 실현하려고 노력하면서 자신감을 얻는 과정을 가지게 됩니다. 소극적인 태도를 보였던 토드 또한 자신감을 회복하고 용감하게 자신의 의견을 말하는 학생으로 발전합니다.

　"현재를 즐겨라!" 이 말처럼 남들이 바라는 것으로 자신의 삶을 허비하지 않고 자신이 세운 확고한 목표로 주체적인 삶을 살아갈 수 있도록 학생들을 지도하고 싶다고 느꼈습니다. 학생들이 이 말을 마음속에 간직하게 된다면, 이후의 삶에서 주위에 휩쓸리지 않고 소신 있게 살아갈 수 있을 것입니다. 위축되어 있는 학생들에게 단지 힘내라는 말보다 학생이 깨닫고 스스로 일어날 수 있도록 하는 것이야 말고 진정한 교사가 해야 하는 역할이라고 생각합니다.

 선생님의 첨삭

❶책 속에 나오는 키팅 선생님은 학교에 전통적으로 내려오는 딱딱한 수업방식을 거부하고 자기만의 개성으로 학생들을 사로잡아 더 의미 있는 공부를 할 수 있도록 유도하였습니다. 비록 닐의 비극적이 죽음으로 책은 마무리가 되지만, 키팅 선생님 덕분에 닐은 스스로가 하고 싶은 것과 잘하는 것을 깨닫고 그것을 실현하려고 노력하면서 자신감을 얻는 과정을 가지게 됩니다. 소극적인 태도를 보였던 토드 또한 자신감을 회복하고 용감하게 자신의 의견을 말하는 학생으로 발전합니다.

❶ 독서록이 아니므로 지원자가 이 책을 통해서 도움을 받았던 부분과 가장 연관 있는 줄거리만 제시하면 될 것입니다.

"현재를 즐겨라!" ❷이 말처럼 남들이 바라는 것으로 자신의 삶을 허비하지 않고 자신이 세운 확고한 목표로 주체적인 삶을 살아갈 수 있도록 학생들을 지도하고 싶다고 느꼈습니다. 학생들이 이 말을 마음속에 간직하게 된다면, 이후의 삶에서 주위에 휩쓸리지 않고 소신 있게 살아갈 수 있을 것입니다. 위축되어 있는 학생들에게 단지 힘내라는 말보다 학생이 깨닫고 스스로 일어날 수 있도록 하는 것이야 말고 진정한 교사가 해야 하는 역할이라고 생각합니다.

❷앞에 제시한 줄거리와 밀접한 연관이 있다기 보다는 "현재를 즐겨라!"라는 문장 하나를 보고 느낀 점을 서술하고 있어서 글의 구성이 어색합니다. 뒤에서 지원자가 느낀 점으로 제시하고 있는 부분을 전달하고 싶은 것이라면 "현재를 즐겨라!"라는 말이 이 책에서 어떤 역할을 하고 있는 것인지에 대한 줄거리가 제시되어야 할 것입니다.

❶책 속에서 가장 인상 깊었던 내용은 키팅 선생님이 자신은 못할 것이라고 생각하는 토드를 위해 친구들 앞에서 자연스럽게 자신을 드러낼 수 있도록 하는 장면이었습니다. ◉문항 작성 방법에 따른 수정 이 부분을 읽으면서 교사는 학생들의 잠재력을 이끌어 내는 데 중요한 역할을 한다는 것을 느꼈습니다. 또 부모님이 원하는 진로와 자신이 원하는 진로 사이에서 힘들어 하는 학생을 위해 스스로 원하는 꿈을 찾을 수 있도록 학생을 격려하는 키팅 선생님의 모습이 가슴에 와 닿았습니다.

평소 수업을 들으면서 지식전달 방식의 주입식 수업은 학생들을 지치게 하고, 저효율적으로 생각되었습니다. 반면 학생들이 주인공이 되어 수업을 이끌어 나갈 수 있게 수업을 진행하는 키팅 선생님을 보며 학생들이 서로 상호작용을 통해 더 깊이 있는 이해를 할 수 있게 하는 교사가 되고자 다짐했습니다. 학생들이 자신의 의견을 자유롭게 발표하고 상대방의 생각에 대해서도 들을 수 있는 기회를 가진다면 창의력을 기르는데 도움이 될 수 있을 것입니다.

Ⅶ- ② **학생의** 초안

《딸에게 주는 레시피》

인생에 대한 의문으로 한창 고민이 많을 때 아버지께서 '딸에게 주는 레시피'를 선물하셨습니다. 내용 중 "그래서가 아니라 그럼에도 불구하고 어른이 되는 거야"라는 구절이 가장 마음에 와 닿았습니다. 나이가 차기만 하면 되는 게 아니라 고난을 견뎌내야만 어른이 될 수 있다고 말하는 것 같았습니다. 어렸을 적엔 빨리 어른이 되고 싶다는 생각을 많이 했습니다. 시간이 흐르면 자연스레 어른이 되어 있을 거라고 상상했었는데, 생각보다 어른이 되는 일이란 그리 쉽지 않았습니다. 살면서 힘들어도 주어진 일은 묵묵히 해나가야 했고, 스스로 결정할 일들이 많아졌습니다. 그다음 결정하고 나서는 기쁨도 후회도 자신의 몫이라는 것을 몸소 알게 되어 힘들었습니다. 또한 많은 어려움을 견뎌 낼 수 있으려면, 긍정적인 마음가짐과 책임감이 전제되어야 한다는 것이었습니다. 그 생각은 사람이 공식적으로 사회생활의 첫 출발을 시작하는 초등학교에서 교사의 역할이 바로 아이들이 자립심과 자기애를 스스로 키울 수 있도록 도움을 주는 것이라는 생각으로 뻗어나갔습니다.

 선생님의 첨삭

인생에 대한 의문으로 한창 고민이 많을 때 아버지께서 《딸에게 주는 레시피》를 선물하셨습니다. ❶내용 중 "그래서가 아니라 그럼에도 불구하고 어른이 되는 거야"라는 구절이 가장 마음에 와 닿았습니다.

137

❶ 직접 인용하는 것보다 문장에 녹여내어 서술하는 것이 좋습니다. 또한 하나의 구절만이 아니라 적어도 책 내용 속에서 어떻게 저자가 서술한 것인지에 대해서 설명해야 할 것입니다.

❷나이가 차기만 하면 되는 게 아니라 고난을 견뎌내야만 어른이 될 수 있다고 말하는 것 같았습니다. 어렸을 적엔 빨리 어른이 되고 싶다는 생각을 많이 했습니다. 시간이 흐르면 자연스레 어른이 되어 있을 거라고 상상했었는데, 생각보다 어른이 되는 일이란 그리 쉽지 않았습니다. 살면서 힘들어도 주어진 일은 묵묵히 해나가야 했고, 스스로 결정할 일들이 많아졌습니다. 그다음 결정하고 나서는 기쁨도 후회도 자신의 몫이라는 것을 몸소 알게 되어 힘들었습니다.

❷학생의 입장에서 인생에 대해서 심각하게 고민을 하는 내용이 어색합니다. 교직과 관련하여 갖게 된 인성이나 가치관에 대해서 서술하는 것이 좋을 것입니다. 이 책을 서술한다면 좋은 결과를 향해 가기 위해서는 그만큼의 어려움을 극복하는 과정이 필요하다는 것을 알았다는 내용이 적합할 것입니다. 그리고 이것을 통해서 초등 교사를 꿈꾸는 지원자의 입장에서 공부하는 것이 즐거워졌다는 내용과 연결 지을 수 있을 것입니다.

또한 많은 어려움을 견뎌 낼 수 있으려면, 긍정적인 마음가짐과 책임감이 전제되어야 한다는 것이었습니다. 그 생각은 사람이 공식적으로 사회생활의 첫 출발을 시작하는 초등학교에서 교사의 역할이 바로 아이들이 자립심과 자기애를 스스로 키울 수 있도록 도움을 주는 것이라는 생각으로 뻗어나갔습니다.

학생의 수정

　인생에 대한 의문으로 한창 고민이 많을 때 아버지께서 '딸에게 주는 레시피(공지영)을 선물하셨습니다. ❶이 책에서 거울을 보며 네가 살아온 모든 날 중에서 오늘 네가 제일 아름답다고 말하라는 구절이 가장 마음에 와 닿았습니다. 그 말은 지나간 날과 관계없이 오늘 하루 최선을 다한 자신을 사랑하라는 말이었습니다. ❷삶은 불확실하지만 내가 생각한 대로 올바르게 살면 끝이 좋을 거라는 것을 마음 속 깊이 묻어두고만 있지 않았는지 반성해보게 되었습니다. 그리고 가끔씩 내가 잘하고 있는 건가 싶을 때가 있는데 그러한 의문보다 잘하고 있다는 자기암시가 필요함을 알게 되었습니다. 이제 저는 더 이상 스스로 하고 있는 일에 대한 의심이 없어졌고, 하루하루를 살아가는 긍정의 힘을 얻었습니다. 이렇게 자신을 믿고 긍정의 힘을 가지는 것이 왜 중요한지 생각해보면서, 교사가 되었을 때 학생들에게 자신을 믿는 게 왜 필요한지 느끼게 해줄 수 있을 것이라 생각합니다.

《루소 학교에 가다》

저의 교육관은 3학년 때 읽은 '루소, 학교에 가다'라는 책을 통해 확실해졌습니다. 인간의 능력은 인간 내부에 이미 간직하고 있는 소질이 자연스럽게 드러나도록 도와줌으로써 길러진다는 루소의 계발설이 저에게 영감을 주었습니다. 학생들의 잠재력을 믿고 그들이 어느 곳에 강점을 보이는지 교사가 파악하고 이끌어 주는 것이 제가 생각하는 교사의 역할입니다. 이러한 저의 생각이 루소의 철학과 일맥상통한다는 것을 느꼈습니다. 또한, 루소의 계발설에 따라 아이들 내부에 간직하고 있는 소질을 발현시키기 위해서 당연한 이야기지만 아이들을 진정으로 사랑하는 마음과 지속적인 관심이 필수적이라는 것을 마음속에 새길 수 있었습니다. 고등학교 생활 중 읽었던 책들을 통해 교사가 되고자 하는 저의 의지를 다질 수 있었습니다. 그뿐만 아니라 독서활동은 제가 미래에 교직 생활에서 구현할 수 있는 올바른 교육관을 형성할 수 있도록 도와주는 촉진제가 되었습니다.

선생님의 첨삭

저의 교육관은 3학년 때 읽은 《루소, 학교에 가다》라는 책을 통해 확실해졌습니다. 인간의 능력은 인간 내부에 이미 간직하고 있는 소질이 자연스럽게 드러나도록 도와줌으로써 길러진다는 루소의 계발설이 저에게 영감을 주었습니다. 학생들의 잠재력을 믿고 그들이 어느 곳에 강점을 보이는지 교사가 파악하고 이끌어 주는 것이 제가 생각하는 교사의 역할입니다. 이러한 저의 생각이 루소의 철학과 일맥상통한다는 것을 느꼈습니다. 또한, 루소의 계발설에 따라 아이들 내부에 간직하고 있는 소질을 발현시키기 위해서 ❶당연한 이야기지만 ❶불필요한 내용입니다. 아이들을 진정으로 사랑하는 마음과 지속적인 관심이 필수적이라는 것을 마음속에 새길 수 있었습니다. ❷고등학교 생활 중 읽었던 책들을 통해 교사가 되고자 하는 저의 의지를 다질 수 있었습니다. 그뿐만 아니라 독서활동은 제가 미래에 교직 생활에서 구현할 수 있는 올바른 교육관을 형성할 수 있도록 도와주는 촉진제가 되었습니다.

❷상투적인 문장이므로 삭제해주세요. 루소 학교에 가다라는 책을 읽고 느낀 점을 바탕으로 학교 현장에서 어떤 교육을 하고 싶다고 다짐했는지를 추가하는 것이 좋을 것입니다.

 학생의 수정

저의 교육관은 3학년 때 읽은 '루소, 학교에 가다'라는 책을 통해 확실해졌습니다. 인간의 능력은 인간 내부에 이미 간직하고 있는 소질이 자연스럽게 드러나도록 도와줌으로써 길러진다는 루소의 계발설이 저에게 영감을 주었습니다. 학생들의 잠재력을 믿고 그들이 어느 곳에 강점을 보이는지 교사가 파악하고 이끌어 주는 것이 제가 생각하는 교사의 역할입니다. 이러한 저의 생각이 루소의 철학과 일맥상통한다는 것을 느꼈습니다. 또한, 루소의 계발설에 따라 아이들 내부에 간직하고 있는 소질을 발현시키기 위해서 ❶(삭제) 학생들을 진정으로 사랑하는 마음과 지속적인 관심이 필수적이라는 것을 마음속에 새길 수 있었습니다. ❷'어떤 교육이 옳은 것인가?'에 대한 생각을 해보았을 때, 주입식 교육과 루소의 자연주의 교육의 만남에서 현대 사회에서는 둘 다 공존해야한다고 생각했습니다. 그뿐만 아니라 자연주

의 교육은 제가 미래에 교직 생활에서 구현할 수 있는 올바른 교육관을 형성할 수 있도록 도와주는 촉진제가 되었습니다.

Ⅷ 지원자의 우수성을 보여줄 수 있는 사례

Ⅷ-① 학생의 초안

저는 2학년 때 글로벌영어부라는 동아리에서 차장을 맡아, 첫 시간에 하는 자기소개 진행부터 교내 영어토론대회방식 설명 및 연습까지 다 제가 맡아 진행했습니다. 동아리활동에 대한 의견이 맞지 않을 때는 절충안을 제안하기도 하고, 모의UN참가를 위해 UN국제기구의 의사결정과정, 모의UN의 진행순서 등을 직접 찾아 프린트로 정리하고, PPT도 만들어 동아리 부원들에게 설명을 해주었습니다. 동아리 시간마다 교실 앞에 서서 2시간씩 동아리 부원들에게 그날 동아리에서 할 내용들을 설명할 때면, 처음에는 많이 떨렸지만, 시간이 지날수록 남들의 시선을 끌기 위해 노력하고, 교실 앞에 서 있는 순간만큼은 제 시간으로 만들기 위해 노력하는 과정을 통해 남들 앞에 서서 말할 때의 자신감을 배웠습니다. 또한, 동아리를 운영하던 중 부원들에게 잘못된 정보를 전달하는 실수를 통해 공식적인 말하기의 중요성과 책임감을 알게 되어 말 한마디를 하더라도 신중하게 생각하고 말을 하게 되었습니다.

선생님의 첨삭

저는 2학년 때 글로벌영어부라는 동아리에서 차장을 맡아, ❶첫 시간에 하는 자기소개 진행부터 교내영어토론대회방식설명 및 연습까지 다 제가 맡아 진행했습니다. ❶내용 전달에 불필요한 정보는 삭제해주세요. 동아리활동에 대한 의견이 맞지 않을 때는 절충안을 제안하기도 하고, 모의UN참가를 위해 UN국제기구의 의사결정과정, 모의UN의 진행순서 등을 직접 찾아 프린트로 정리하고, PPT도 만들어 동아리 부원들에게 설명을 해주었습니다. ❷동아리 시간 마다 교실 앞에 서서 2시간씩 동아리 부원들에게 그날 동아리에서 할 내용들을 설명할 때면, 처음에는 많이 떨렸지만, 시간이 지날수록 남들의 시선을 끌기 위해 노력하고, 교실 앞에 서 있는 순간만큼은 제 시간으로 만들기 위해 노력하는 과정을 통해 남들 앞에 서서 말할 때의 자신감을 배웠습니다.

❷ 상황에 대한 묘사가 장황하게 설명 되어 있습니다. 지원자가 말하고자 하는 바를 채점관이 명확하게 인식할 수 있도록 간결하게 표현해주세요.

또한, 동아리를 운영하던 중 부원들에게 잘못된 정보를 전달하는 실수를 통해 공식적인 말하기의 중요성과 책임감을 알게 되어 말 한마디를 하더라도 신중하게 생각하고 말을 하게 되었습니다.

저는 2학년 때 글로벌영어부라는 동아리에서 차장을 맡아 ❶동아리 활동을 진행하였습니다. 동아리활동에 대한 의견이 맞지 않을 때는 절충안을 제안하기도 하고, 모의UN참가를 위해 UN국제기구의 의사결정과정, 모의UN의 진행순서 등을 직접 찾아 프린트로 정리하고, PPT도 만들어 동아리 부원들에게 설명을 해주었습니다. ❷동아리 부원들에게 내용을 설명할 때 처음에는 많이 떨렸지만 미리 집에서 말하기를 연습하고 노력을 하니 어느 순간부터 말하기에 자신감을 가지게 되었습니다. 또한, 동아리를 운영하던 중 부원들에게 잘못된 정보를 전달하는 실수를 통해 공식적인 말하기의 중요성과 책임감을 알게 되어 말 한마디를 하더라도 신중하게 생각하고 말을 하게 되었습니다.

Ⅷ-②　학생의 초안

　누구나 두 마리의 토끼를 두고 고민해본 경험이 있을 것입니다. 저는 1학년 때 동시에 반장과 학생회활동을 했습니다. 학생회에서 정한 교칙들이나 공지사항들을 정확히 반에 전달할 수 있어 무척 좋았습니다. 하지만 문제는 학교 축제를 준비하면서 발생했습니다. 반장으로서 반별 부스 운영도 해야 하고 학생회 총무부로서 환전소 관리도 해야 했습니다. 갑자기 주어진 많은 일에 혼란스러웠고 어떻게 친구들에게 역할 분담을 해야 할지 몰랐습니다. 제 역량의 부족함을 느껴 이를 극복하기 위해 많은 고민을 했습니다. 이를 해결하기 위해 다양한 사례를 찾아 공부하여 바람직한 지도자의 역할과 자질에 대해 알게 되었습니다. 그리고 부스 역할을 나눌 때 미술을 잘하는 친구가 있으면 꾸미기 부분은 그 친구가 주체가 되어 그 팀을 이끌게 하고, 음악을 잘하는 친구가 있으면 디제잉 부분은 그가 맡아 그 팀을 이끄는 등 자신이 각자 좋아하고 잘 할 수 있는 일을 할 수 있도록 권유했습니다. 또 저희는 오전과 오후 조를 나누어 운영하기로 하였습니다. 저는 오후 조를 맡아 오전에는 환전소 일을 하고 오후에 반에 갔는데 들어가자마자 많은 사람들이 몰려있어 놀랐습니다. 미술팀에서 만든 미러볼과 음악팀의 사연과 함께하는 디제잉이 빛을 발하는 순간이었습니다. 각자에게 맞는 역할을 맡으니 바쁘고 힘든 상황에서도 즐겁게 운영할 수 있었고 효율성 있게 좋은 결과를 얻을 수 있었습니다. 이러한 경험을 통해 자신의 역량을 발휘할 수 있도록 도와줄 뿐만 아니라 부족한 점 까지도 발전시킬 수 있는 구성원이 되어야겠다고 다짐했습니다.

선생님의 첨삭

누구나 두 마리의 토끼를 두고 고민해본 경험이 있을 것입니다. 저는 1학년 때 동시에 반장과 학생회활동을 했습니다. ❶학생회에서 정한 교칙들이나 공지사항들을 정확히 반에 전달할 수 있어 무척 좋았습니다. 하지만 문제는 학교 축제를 준비하면서 발생했습니다. 반장으로서 반별 부스 운영도 해야 하고 학생회 총무부로서 환전소 관리도 해야 했습니다. 갑자기 주어진 많은 일에 혼란스러웠고 어떻게 친구들에게 역할 분담을 해야 할지 몰랐습니다. 제 역량의 부족함을 느껴 이를 극복하기 위해 많은 고민을 했습니다.

❶ 내용이 늘어지고 있습니다. 두 가지 활동을 동시에 하면서 문제점이 발생한 상황만 간략하게 서술해주세요.

이를 해결하기 위해 다양한 사례를 찾아 공부하여 바람직한 지도자의 역할과 자질에 대해 알게 되었습니다. 그리고 부스 역할을 나눌 때 미술을 잘 하는 친구가 있으면 꾸미기 부분은 그 친구가 주체가 되어 그 팀을 이끌게 하고, 음악을 잘 하는 친구가 있으면 디제잉 부분은 그가 맡아 그 팀을 이끄는 등 자신이 각자 좋아하고 잘 할 수 있는 일을 할 수 있도록 권유했습니다. 또 저희는 오전과 오후 조를 나누어 운영하기로 하였습니다. ❷저는 오후 조를 맡아 오전에는 환전소 일을 하고 오후에 반에 갔는데 들어가자마자 많은 사람들이 몰려있어 놀랐습니다.

❷ 문장이 어색합니다. 오전에는 무엇을 했고 오후에는 무엇을 했는지를 먼저 서술해야 할 것입니다. 그리고 난 뒤에 많은 사람들이 있었다는 상황을 전달해야 할 것입니다.

미술팀에서 만든 미러볼과 음악팀의 사연과 함께하는 디제잉이 빛을 발하는 순간이었습니다. 각자에게 맞는 역할을 맡으니 바쁘고 힘든 상황에서도 즐겁게 운영할 수 있었고 효율성 있게 좋은 결과를 얻을 수 있었습니다. ❸이러한 경험을 통해 자신의 역량을 발휘할 수 있도록 도와줄 뿐만 아니라 부족한 점 까지도 발전시킬 수 있는 구성원이 되어야겠다고 다짐했습니다.

❸느낀 점이 보충되어야 합니다. 첫 문장에서 지원자가 두 마리의 토끼를 두고 고민했던 것을 제시했으므로 이 부분에 대한 배우고 성장한 점도 함께 서술해야 할 것입니다. 두 가지를 놓고 고민한 결과 어떻게 하면 좋은 결과를 가지고 올 수 있게 되었음을 깨달았는지 기술해주세요.

누구나 두 마리의 토끼를 두고 고민해본 경험이 있을 것입니다. 저는 1학년 때 동시에 반장과 학생회활동을 했습니다. ❶문제는 학교 축제를 준비하면서 발생했습니다. 두 가지 활동을 하며 갑자기 주어진 많은 일에 혼란스러웠고 어떻게 해야 할지 몰랐습니다. 이를 해결하기 위해 다양한 사례를 찾아 공부하여 바람직한 지도자의 역할과 자질에 대해 알게 되었습니다. 그리고 부스 역할을 나눌 때 미술을 잘하는 친구가 있으면 꾸미기 부분은 그 친구가 주체가 되어 그 팀을 이끌게 하고, 음악을 잘하는 친구가 있으면 디제잉 부분은 그가 맡아 그 팀을 이끄는 등 자신이 각자 좋아하고 잘할 수 있는 일을 할 수 있도록 권유했습니다. 또 저희는 오전과 오후 조를 나누어 운영하기로 하였습니다. ❷그래서 오전에 학생회 일을 하고 오후에 반에 갔는데 들어가자마자 많은 사람들이 몰려있어 놀랐습니다. 미술팀에서 만든 미러볼과 음악팀의 사연과 함께하는 디제잉이 빛을 발하는 순간이었습니다. 각자에게 맞는 역할을 맡으니 바쁘고 힘든 상황에서도 즐겁게 운영할 수 있었고 효율성 있게 좋은 결과를 얻을 수 있었습니다. ❸저는 자신의 역할에 성실히 임해준 친구들 덕분에 반별부스운영과 학생회활동 두 마리 토끼를 모두 잡을 수 있었습니다. 팀 협력을 위해 리더는 팀원들의 장점을 이해하여 그것을 충분히 이용할 수 있도록 도와주어야 한다는 것을 깨달았습니다. 또한 이러한 경험을 통해 자신의 역량을 발휘할 수 있도록 도와줄 뿐만 아니라 부족한 점까지도 발전시킬 수 있는 구성원이 되었습니다.

Ⅷ-③ 학생의 초안

　평소 적극적인 성격을 가지고 있어 글짓기 대회에서 소설이나 시는 많이 지어 보았지만 곡을 만들어 본 것은 처음이었기 때문에 음악시간에 한 창작 수행평가는 제게 의미가 있습니다. 창작 수행평가는 선생님께서 지정해주는 친구와 함께 짧은 곡을 만들어 노래를 부르는 것이었습니다. 친구와 곡의 주제를 정하려고 이야기를 꺼냈는데 하기 싫다며 의욕 없는 모습을 보였습니다. 그리고 다른 과목의 문제집을 꺼내 풀기 시작했습니다. 저는 당황스러웠고 화도 났습니다. 저는 우선 친구를 이해하기 위해 일부러 수학문제들을 친구에게 물어보며 다가가 대화를 하려고 노력했습니다. 친구는 학업 스트레스가 많이 쌓인 것 같았습니다. 저도 그 친구의 마음을 잘 알고 있기에 대화를 하면서 많은 공감대를 찾을 수 있었습니다. 또 저에게 힘이 되었던 노래들을 소개해 주면서 자연스럽게 창작곡의 회의를 했습니다. 저희는 힘든 시기를 보내고 있는 학생들을 위한 가사를 써서 랩으로 표현하였습니다. 그 결과 선생님과 친구들이 감동을 받았다며 칭찬을 해 주었습니다. 협력하는데 있어서 먼저 다가갈 수 있는 용기와 공감의 중요성을 느꼈고 이런 생각을 실천하기 위해 다양한 경험의 중요성을 알게 되었습니다.

선생님의 첨삭

　평소 적극적인 성격을 가지고 있어 글짓기 대회에서 소설이나 시는 많이 지어 보았지만 곡을 만들어 본 것은 처음이었기 때문에 음악시간에 한

창작 수행평가는 제게 의미가 있습니다. 창작 수행평가는 선생님께서 지정해주는 친구와 함께 짧은 곡을 만들어 노래를 부르는 것이었습니다. ❶친구와 곡의 주제를 정하려고 이야기를 꺼냈는데 하기 싫다며 의욕 없는 모습을 보였습니다. 그리고 다른 과목의 문제집을 꺼내 풀기 시작했습니다. 저는 당황스러웠고 화도 났습니다. 저는 우선 친구를 이해하기 위해 일부러 수학문제들을 친구에게 물어보며 다가가 대화를 하려고 노력했습니다. 친구는 학업 스트레스가 많이 쌓인 것 같았습니다. 저도 그 친구의 마음을 잘 알고 있기에 대화를 하면서 많은 공감대를 찾을 수 있었습니다. 또 저에게 힘이 되었던 노래들을 소개해 주면서 자연스럽게 창작 곡의 회의를 했습니다.

❶ 본 문항에서는 활동의 내용에 초점을 맞추는 것이 좋습니다. 그래서 친구와의 갈등을 해결한 부분을 중점적으로 서술하기보다는 지원자가 이 수행평가를 하면서 어떤 성장이 있었는지를 중점으로 서술해주세요. 음악시간에 창작 수행평가가 어떤 내용이고 이것을 잘하기 위해서 어떤 부분에 힘썼는지 구체적으로 서술해주세요. 또한 그러한 과정을 통해서 지원자는 음악에 대해서 새롭게 알게 된 점은 무엇이고 이것이 꿈을 실현하는 데 어떻게 도움이 될 수 있는 지까지 연결시키면 좋을 것입니다.

❷저희는 힘든 시기를 보내고 있는 학생들을 위한 가사를 써서 랩으로 표현하였습니다. 그 결과 선생님과 친구들이 감동을 받았다며 칭찬을 해주었습니다. 협력하는 데 있어서 먼저 다가갈 수 있는 용기와 공감의 중요성을 느꼈고 이런 생각을 실천하기 위해 다양한 경험의 중요성을 알게 되었습니다.

❷ 앞에 제시할 활동에 대한 사례를 구체적으로 서술함에 따라서 수정이 필요할 수 있습니다. 지원자가 경험한 것을 바탕으로 배우고 성장한 점이 무엇인지 서술한다면 좋을 것입니다. 또한 음악적으로 지원자가 좀 더 발전하게 된 부분도 추가한다면 더욱 좋을 것이라고 생각합니다.

  평소 적극적인 성격을 가지고 있어 글짓기 대회에서 소설이나 시는 많이 지어 보았지만 곡을 만들어 본 것은 처음이었기 때문에 음악시간에 한 창작 수행평가는 제게 의미가 있습니다. 창작 수행평가는 선생님께서 지정해주는 친구와 함께 짧은 곡을 만들어 노래를 부르는 것이었습니다. ❶작곡이라는 것이 부담스럽게 느껴졌지만 친구와 곡의 주제부터 차근차근 정했습니다. 각자의 고민으로 힘들어하는 또래 친구들에게 위로가 되는 노래를 만들고 싶었습니다. 제 경험을 떠올리며 가사를 썼는데 온전히 스스로에게 집중할 수 있는 시간이었습니다. 다른 사람의 말을 듣는 것만 중요시 여겨 저에게 너무 소홀했던 것 같아 제 자신에게 미안한 마음이 들었습니다. 저희는 가사전달력을 높이기 위해 뮤지컬처럼 역할을 나누어 노래를 불렀습니다. 저는 조언자의 역할을 맡았는데 이를 준비하면서 선생님들의 마음을 이해할 수 있었습니다. ❷준비한 것들을 진심을 담아 표현했고 그 결과 선생님과 친구들이 감동을 받았다며 칭찬을 해주었습니다. 힘들 때 음악을 들으며 위로를 받았는데 반대로 제가 친구들에게 힘이 되었다고 하니 참 뿌듯했습니다. 음악을 통해 스스로를 돌아볼 수 있었고 다른 사람에게 감동까지 줄 수 있었습니다. 이 경험을 통해 배운 것들을 활용하여 협력하는 데 있어서 먼저 다가갈 수 있는 용기와 공감능력을 갖추게 되었고, 생각을 실천할 수 있게 되었습니다.

Chapter 4

계열별
자기소개서
사례

이 챕터는 학교별, 계열별 실제 자기소개서 20편을 수록하였다. 지원 대학과 계열을 중점적으로 자기소개서 사례를 살펴보면 방향성을 알 수 있을 것이다.

Ⅰ 공통문항

1-1

고등학교 재학 기간 중 자신의 진로와 관련하여 어떤 노력을 해왔는지 본인에게 의미 있는 학습 경험과 교내 활동을 중심으로 기술해 주시기 바랍니다. (1,500자 이내)

✎ 영어는 저에게 항상 자신감과 흥미를 주는 과목이었습니다. 하지만 심화영어수업을 들으면서 평소에 제가 영어에 자신이 있다는 생각을 버리게 되었습니다. 다양한 유형의 지문에 쉽게 접근할 수 있어야 했고, 여러 가지 영미문학작품을 스스로 분석하는 힘과 영미 문화권의 시사 이슈에 대해 토의할 수 있는 역량이 필요했습니다. 그러한 능력이 부족했던 저는 객관적으로 저의 영어 실력을 분석해 보기 시작했습니다. 하루는 영자 신문동아리의 부원으로서 기사를 편집하는 도중 제가 다른 부원들보다 글을 보는 시야가 좁고, 영미 문화에 대한 배경지식이 폭넓지 못하다는 점을 알게 되었고, 이를 극복할 학습 방법을 찾게 되었습니다.

먼저, 영어 지문의 구조를 파악하는 것이 지문 접근의 첫걸음이라고 생각합니다. 백지 복습을 통해 수업시간에 배운 지문의 모든 구문을 철저히 분석하면서 글의 전체 맥락을 파악했습니다. 시험 범위 외의 영미 문학작품에 내포된 의미를 스스로 생각해보거나 여러 주제를 다룬 영자 신문기사를 발표하는 활동을 통해 영어지문에 대한 안목을 기를 수 있었습니다. 차츰 오르는 성적을 보면서도 자만하지 않고 끝까지 백지 복습법과 영어의 본질을 깨닫기에 도움을 준 영미문화 탐구 활동을 해온 결과, 영미문화의 배경지식이 점점 쌓여 영어 실력이 크게 향상되었습니다. 처음엔 예상치 못했던 영어성적을 보며 막연한 두려움이 앞섰지만, 의지와 부단한 노력이 있다면 그것을 극복하고 어떠한 어려움이라도 해결할 수 있음을 깨닫게 되었습니다. 또한, 노력의 대가로 좋은 성적을 성취하는 것은 기쁜 일 일지라도, 자신의 성과에 감사하며 겸손하게 매사에 꾸준히 노력해야 하는 것이 학업의 진리라는 것을 알게 되었습니다.

　또한 영어 가사 문학 구연 대회 참가는 향후 영문학도가 되었을 때 어떤 방식으로 상대에게 제 생각을 전달하면 좋을지에 대한 고민을 해보게 된 계기가 되었습니다. 영어 가사 문학 구연 대회는 관심 있는 영미 문학을 자신의 방법으로 표현하는 대회였습니다. 저는 책 '빨간 망토'의 주인공들이 지닌 각각의 특징을 분석하여 제 나름대로 그것의 대사와 행동을 다양한 목소리나 몸짓을 통해 표현한 결과 좋은 성과를 거둘 수 있었습니다. 단순히 책 읽기 식의 동화 구연이 아니라 저만의 방식으로 작품을 재해석하고 표현하는 과정에서 제 생각을 사람들에게 효과적으로 전달하는 방법에 대해 배우게 되었습니다. 타인에게 같은 내용을 전하더라도 그것을 어떻게 표현하느냐에 따라 미치는 영향이 달라진다는 점을 알게 되었습니다. 이를 바탕으로 효과적으로 전달하는 방법이 필요하다는 것을 알게 해준 중요한 경험이 되었습니다.

덕분에 '한순간에 일희일비하지 말자'라는 저만의 뜻깊은 인생 교훈도 얻을 수 있었습니다. 학업에서의 역경은 아직 제가 인생을 살아가면서 겪게 될 고난의 시작에 불과합니다. 하지만, 이런 경험을 통해 앞으로 저에게 다가올 위기를 극복하는 법과 저만의 해결 방법을 활용하여 당황하지 않고 다양한 문제를 잘 해결해 나갈 수 있을 것이라고 생각합니다.

(1,490자)

인문계열 – 경영학 전공

고등학교 재학 기간 중 자신의 진로와 관련하여 어떤 노력을 해왔는지 본인에게 의미 있는 학습 경험과 교내 활동을 중심으로 기술해 주시기 바랍니다.　(1,500자 이내)

✎ 평소 학업을 게을리 한 저는 단순히 취업만 생각하여 실업계 고등학교에 진학했습니다. 사실 저는 어릴 때부터 경영학과에 진학하여 사업을 경영하고 싶었습니다. 그러나 단지 중학교 때 철이 없어 공부를 하지 않아 제 꿈을 접는다는 것이 괴로웠습니다. 그리하여 대학 진학을 위해 일반계 고등학교로 전학을 결심하게 되었습니다. 전학을 오고 나서 초반에 실업계 고등학교에서 왔다는 친구들의 편견으로 인해 방황하기도 했지만, 전학을 온 저는 꿈을 찾겠다는 확고한 의지를 가지고 있어 마음가짐이 달랐습니다. 전에 있던 학교와 다른 제 모습을 강렬하게 보여주고 싶었습니다. 그래서 전학 와서 학교 수업을 따라가는 것을 최우선 목표로 잡고 수업시간 마다 맨 앞자리에 앉으며 선생님들께서 말씀하시는 단어 하나라도 놓치지 않으려 선생님의 눈을 응시하고 수업하실 때에 강조하시는 단어에 특히 더 신경 쓰며 최대한 집중하려고 노력하면서 수업을 들었습니다. 그러나 평소에 집중력이 부족했던 저가 갑자기 초반에 많은 집중을 하려다 보니 잡생각이 들기도 하고 필기도 놓치는 경우가 허다했습니다. 그래서 집중력을 향상시키기 위해 매일 밤에 기숙사 독서실에서 20분간 명상을 하고 2시간 동안 앉아있는 연습을 하였고, 잠도 불규칙한 수면습관을 버리고 매일 일정한 시간에 수면을 취했습니다. 그 결과 집중력이 서서히 향상되었고 수업도 전보다 이해가 훨씬 잘되기 시작했습니다.

경영학과 진학이라는 목표를 갖게 된 이후부터는 수업에 더 적극적으로 참여하게 되었고 학업에도 자신감을 되찾게 되어 성격도 더 긍정적으로 변했고 선생님들과의 관계도 돈독해졌을 뿐만 아니라 성적 또한 전교 최상위권으로 도약할 수 있게 되었습니다.

3학년 때 창업동아리 운영은 저에게 리더로서 역할과 책임의 중요성을 일깨워준 소중한 활동이었습니다. 가장 기억에 남은 활동은 토의 활동이었습니다. 토의 활동은 탐구 주제에 대해 조사하는 데 그치지 않고, 이에 대한 각자의 생각을 표출할 수 있는 시간이었습니다. 하지만 의견을 모으며 절차에 따라 토의를 진행하는 것은 부장이라는 역할이 처음이었던 저에겐 부담되는 일이었습니다. 모두가 서로의 의견을 이해하고 수용할 수 있는 것은 아니었고, 그 과정에서 생긴 갈등은 저를 혼란스럽게 만들기도 했습니다. 저는 잠시 토의를 중단한 후 무엇이 토의를 어지럽게 하는지 신중히 고민했습니다. 그리고 문제는 제 미숙했던 진행과 각자의 능력을 헤아리지 못한 역할 분담이라는 결과를 얻어냈고, 부원들과 대화와 역할 조정을 통해 해결할 수 있었습니다. 더 나아가 문제의 해결책을 찾고 구성원들이 맡은 일을 순조롭게 진행해나갈 수 있도록 돕는 것도 경영 리더의 중요한 책임 중 하나라는 것을 깨달을 수 있었습니다. 또한 동아리의 경험을 통해 조직 활동에서의 경영과 운영은 혼자서 하는 것이 아니라 조직원과의 합의와 소통을 통해 이루어진다는 사실을 배웠습니다.

앞으로도 더 열심히 노력하고 성장하는 사람이 될 것이며, 더 나아가 제 꿈인 최고의 경영자가 되도록 최선을 다해 꾸준히 노력할 것입니다.

(1,495자)

인문계열-사회복지 전공

고등학교 재학 기간 중 자신의 진로와 관련하여 어떤 노력을 해왔는지 본인에게 의미 있는 학습 경험과 교내 활동을 중심으로 기술해 주시기 바랍니다.

(1,500자 이내)

🖉 저의 학습법은 주로 암기방식이었습니다. 고등학교에서도 이런 방법으로 학습하니 개념을 심화문제로 적용하는데 어려움을 겪었습니다. 특히 윤리과목은 내용이 어렵고, 수많은 학자의 입장이 있어 학습하기가 힘들었습니다. 고민한 결과, 칸트는 유럽의 난민문제를 어떻게 설명할까? 등의 과거의 철학자였다면 현대 사회문제에 대해 어떤 주장을 할지 예측하는 방식으로 학습하니 점차 수업이 즐거워지고 철학에 흥미를 가지게 되었습니다. 저는 아리스토텔레스의 덕 윤리를 배우면서, 덕 윤리의 도덕적 실천력이 현대 사회에 필요하다고 생각하여 동아리 시간에 '니코마코스 윤리학'을 발제했습니다. 발표준비를 하면서 동서양 중용의 차이점은 무엇일까? 라는 의문점이 생겨서 K-MOOC에서 중용을 수강하며 이해의 폭을 넓히려고 노력했습니다. 탐구 결과, 아리스토텔레스가 말하는 서양의 중용은 적절한 행위를 통해 개인의 행복을 추구하고, 동양은 마음의 수행을 통해 사회 속의 관계에서 나아가 자연과의 조화까지 지향한다는 것을 배웠습니다. 결국 중요한 것은 동서양을 구분하기보다 자신이 살아가고 있는 시대의 문제에 대해 치열하게 고민하고 행동했던 동서양의 철학자들처럼 주체적으로 탐구하는 것이라는 생각을 하게 되었습니다. '알아가는 즐거움'으로 학습하다보니 결과도 좋았습니다.

고등학교 교내활동 중 저의 작은 말과 행동이 타인에게 힘이 되고

심지어 한 생명을 살릴 수 있음을 깨닫게 된 소통의 시간들이 가장 기억에 남습니다. 평소 '걸어다니는 고민 상담소'라고 불릴 정도로 친구들의 고민 들어주는 것을 좋아하던 저는 2학년이 1학년 학생의 학교 적응을 도와주고 함께 공부하는 봉사활동에 참여하게 되었습니다. 저와 짝이 된 후배는 학교생활에 적응하는 과정 중 반장선거에 나갈지 고민하고 있었습니다. 저 또한 수줍음이 많아 선뜻 임원선거에 나가지 못했던 경험이 떠올랐습니다. 그래서 후배에게 잘할 수 있을 것이라고 제가 그 상황에서 듣고 싶었던 말을 해주었습니다. 단 한 사람이라도 내 능력에 대해 믿음을 보이면 그 말을 믿고 도전하게 된다고 생각했기 때문입니다. 그러자 후배는 자신감을 얻고 반장선거에 나가기로 결정했습니다. 저와 같은 고민을 하고 있는 후배에게 도움이 된 것 같아 뿌듯한 마음이 들었습니다. 또한 이를 계기로 일주일에 두 번 만날 때마다 단순히 공부 방법을 공유하는 것을 넘어서 친구 관계나 진로 문제 등 사소한 고민까지도 털어 놓을 정도로 친해지게 되었습니다. 마음을 열고 저를 진심으로 대하는 후배의 모습을 보면서 다른 사람의 고민을 들어줄 때는 그 고민을 내 입장에 대입시켜 이해하려는 태도를 갖는 것이 중요하다는 것을 깨닫게 되었습니다. 또한 1학년 후배에게 도움을 주기 위해 시작한 봉사활동을 통해서 누군가가 잠재력을 발휘할 수 있도록 도와주고 용기를 북돋아 주는 일에 보람을 느끼고 있는 제 모습을 발견하여 사회복지사의 꿈을 확고히 하게 되었습니다. 후에 다양한 환경에서 어려움을 겪고있는 사람들의 고민들을 진심으로 이해하고 소통하는 사회복지사가 되고 싶습니다.

(1,495자)

인문계열-교육학 전공

고등학교 재학 기간 중 자신의 진로와 관련하여 어떤 노력을 해왔는지 본인에게 의미 있는 학습 경험과 교내 활동을 중심으로 기술해 주시기 바랍니다. (1,500자 이내)

　🖊 평소 교과서를 통한 이론적 학습에 익숙해 있는 교육환경 탓인지 난해한 내용이 등장하면 이론만으로 이해하기에 어려울 때가 많았습니다. 수업이 끝나면 친구들과 토의를 하면서 좀 더 쉽게 이해할 수 있는 방법이 없을까 고민하던 중 실제 생활 속의 경험에서 교과서 이론을 접목할 수 있는 부분을 찾아 교육방법에 도입한다면 도움이 되지 않을까 생각하게 되었습니다. 이후 주변 사물에 대한 세심한 관찰을 통해 교과공부와 연관을 될 만한 요소들을 찾아보게 되었습니다.

　목욕탕의 타일을 유심히 관찰하면서 학교 수학시간에 배웠던 '무한등비급수의 도형'을, 주남저수지에 있는 당나귀를 보면서 백석 시인의 '나와 나타샤와 흰 당나귀'라는 EBS 연계교재에 실린 시를 떠올렸습니다. 또한 학교 친구들과 '설레임'이라는 아이스크림을 사 먹으며 '설렘'이 올바른 표현이라고 말씀해주신 선생님의 말씀, 역에서 기차배차표를 보고 지리시간에 배운 도시계층 구조와 도시 중심부에 있는 학교에서 최 외곽에 있는 집까지 가는 길에 바깥 풍경을 보며 도시체계에 대해 복습할 수 있었습니다. 실생활의 사물을 관찰하고 교과와 연관시키는 것에도 교과내용에 따라 한계가 있었지만 배운 내용을 일상생활에 적용하는 것은 제게 경험의 폭을 넓혀주며 한계를 극복하게 해주었습니다. '역사저널 그날'이라는 텔레비전 프로그램을 보고 학교에서 이론적으로 배웠던 동학농민혁명에 대해, 지구과학시간에 배운 빅뱅우주론을 인터넷의 다큐멘터리를 통해 생생히 복습할 수 있었습니다. 물론, 평소 지나치던 사물을 관찰하고 다양한 매체를 접하며 교과와 연관 지으려고 노력하다 보니 처음에는 시간이 많이 걸려서 저만의 학습방법에 불안을 느끼기도 했습니다. 하지만, 이렇게 경험을 통해 예습, 복습한 지식은 쉽게 잊혀지지 않았고 사물을 관찰하는 안목 또한 향상되어 결과적으로 이론공부에 그쳐 있을 때보다 시간을 효율적으로 이용할 수 있었습니다. 배움은 이론적인 지식에만 그치는 것이 아니라 경험에 적용해보았을 때 비로소 제 지식이 될 수 있다는 것을 깨달았습니다.

그래서 이번에는 제 생각을 논리적으로 표현하고 다른 사람들의 생각도 듣고 싶어 '시사토론캠프'를 신청하였습니다. 토론경험이 부족한 저는 주장을 명확히 하기 위해 근거 자료들을 열심히 준비하였습니다. 토론 중 상대 측의 주장을 반박하기 위해 어떤 주장을 하고 근거를 들었는지 귀 기울여 들었습니다. 토론을 하면서 상대 측의 입장을 이해하기 어려운 부분도 있었지만 일부 공감되는 부분에서는 제 생각이 변화되기도 했습니다. 상이한 주장 속에서 서로 생각을 자유롭게 이야기하며 열띤 토론을 할 수 있었습니다. 토론을 하면서 토론은 자신의 주장을 상대방에게 관철시켜 이기는 것이 아니라 서로 소통과 배려를 통해 합의점을 찾기 위한 하나의 과정이라는 것을 알게 되었습니다. 주제에 대한 찬성, 반대의 주장과 근거들을 조사했지만 제가 미처 생각하지 못했던 다양한 의견들을 듣고, 제가 부족한 부분을 친구들을 통해 배울 수 있었습니다. 체험의 학습이 살아있는 교육이라는 것은 확인할 수 있었습니다. (1,497자)

인문계열-언론정보 전공

고등학교 재학 기간 중 자신의 진로와 관련하여 어떤 노력을 해왔는지 본인에게 의미 있는 학습 경험과 교내 활동을 중심으로 기술해 주시기 바랍니다. (1,500자 이내)

고등학교 시절 '국어'는 저에게 많은 가르침을 준 과목입니다. 좋은 성적으로 1학기를 마무리했던 저는 은연중에 '이 정도만 하면 되겠지'하는 안일한 생각을 하게 되었습니다. 국어공부를 소홀히 한 저의 국어 점수는 여지없이 떨어졌습니다. 스스로가 부끄러웠고 정말 열심히 하기로 다짐했습니다. 우선 국어공부를 잘하는 친구의 공부법을 참고하여 자율 학습 시간을 활용해서 예습을 했습니다. 하지만 한번 내려간 성적은 쉽게 올라가지 않았습니다. 2학년 1학기의 국어 성적은 열심히 했던 노력이 무색할 정도로 그대로였습니다. 고민 끝에 저는 공부법을 바꿔보기로 했습니다. 평소에 낙서를 자주 하던 저의 습관을 국어 공부에 접목해보기로 했습니다. 그 작품에서 중요하다고 생각되는 장면을 간단히 그리거나, 작품의 소재와 화자를 중심으로 주제를 그림으로 형상화했습니다. 예를 들어서 송수권의 '까치밥'이라는 작품은 까치들이 까치밥을 먹고 있고, 그 뒤로 웃고 있는 할아버지의 얼굴을 그렸습니다. 그리고 이상의 '날개'라는 작품은 화자가 미스꼬시 백화점의 옥상에서 각성하게 되는 장면을 화자의 등에 날개를 그려서 표현했습니다. 그림을 그리자 작품이 전보다 더 기억에 남았습니다.

내용을 정리할 때 그림을 함께 그리며 정리하자 작품의 주제와 특징이 더욱 머릿속에 남았습니다. 작품을 생각하면 그림이 먼저 떠오르면서 그 작품의 주제나 특징 등이 자연스럽게 떠올랐습니다. 그 결과, 거의 1년 만에 다시 좋은 성적을 받을 수 있었습니다. 우선 '해냈다.'라는 생각이 들었고 매우 기뻤습니다. 불안했지만 스스로를 믿고 열심히 노력한 결과가 좋았기에 자신감도 많이 가질 수 있었습니다. 그리고 '현재에 안주하지 말고 매사에 최선을 다하자'라는 교훈을 얻을 수 있었습니다. 이러한 마음으로 언론정보 전공을 꿈꾸며 철원 역사유적답사에 참가하여 제2 땅굴에 대해 친구들 앞에서 발표하는 활동을 했습니다.

유적 답사를 가기 전에, 친구와 함께 제2 땅굴이 굴착된 이유와 시기, 땅굴의 구조와 우리나라에서 언제, 어떻게 발견되었는지에 대해 조사하여 '적들의 침투'라는 제목으로 보고서를 작성했습니다. 땅굴에 대한 논문을 찾아 읽으면서 전문적인 내용이 많아 조금 어려움을 겪었지만, 더 정확한 보고서를 작성할 수 있었습니다.

많은 친구들이 보는 앞에서 발표를 하는 것은 결코 쉽지 않았습니다. 연습처럼 막힘없이 완벽한 발표를 하지는 못했지만, 친구들에게 전하고 싶은 내용을 잘 정리해서 발표했습니다. 친구들은 웃으며 박수를 보내주었습니다. 발표 후 실제로 답사를 통해 제2 땅굴에 들어가 보았습니다. 친구들은 저의 발표를 듣고 직접 들어가 보니 땅굴의 구조와 굴착 이유에 대한 내용이 훨씬 더 이해가 잘 된다고 말해주었습니다. 아나운서가 꿈인 제 입장에서 정확한 정보 전달을 위해 발표 전 자료수집 과정에서 최선을 다해야 한다는 것을 깨달았습니다. 또한, 미리 발표를 연습해 보며 부족한 부분을 보완하는 것도 성공적인 발표를 위해 꼭 필요하다는 것을 알게 되었습니다. (1,476자)

자연계열－이학전공

고등학교 재학 기간 중 자신의 진로와 관련하여 어떤 노력을 해왔는지 본인에게 의미 있는 학습 경험과 교내 활동을 중심으로 기술해 주시기 바랍니다.

(1,500자 이내)

🖉 수학이라는 학문을 더 깊이 탐구해보기 위해 해밀턴의 사원수와 같은 수학 관련 내용을 조사한 뒤, 수업시간에 발표하는 활동을 해보았습니다. 그런데 생소한 내용인지라 조사할 때 이해가 잘되지 않는 부분도 있었고 어려운 내용을 나열하다 보니 발표할 때 친구들이 집중하지 못하는 경향을 보였습니다. 이 문제를 극복하기 위해서는 쉬운 개념부터 완벽하게 이해해야 한다는 생각이 들었습니다. 부족한 부분을 보충하기 위하여 벡터나 허수 등과 관련된 개념을 혼자서 공부하는 시간을 가져 보았습니다. 사원수는 실수부(스칼라부)와 허수부(벡터부)로 구성된다는 사실과 크기를 나타내는 스칼라와 크기와 방향을 동시에 나타내는 벡터의 차이점에 대하여 알게 되었습니다. 또한 이러한 개념들을 완벽하게 이해하기 위해서는 적용 사례를 알아보는 것이 도움이 된다고 생각하였습니다. 그래서 친구들과 자율동아리를 결성하여 사원수와 관련된 실험 외에도 확률, 적분, 등비수열, 무게중심 등과 관련된 실험을 진행하였습니다. 실험을 진행한 뒤 이에 대해 친구들과 의견을 나누고, 부족한 부분은 혼자서 탐구해보는 시간을 갖거나 서적을 통해 보충하는 시간을 가져 그 개념들을 완벽하게 저의 것으로 만들었습니다. 개념에 대한 이해를 확장시키다 보니 어려운 내용들까지도 이해할 수 있었습니다.

다양한 실험 활동을 통해 수학에 대한 흥미를 가지게 되었습니다.

그 덕분에 수학에 자신감이 생겼고, 수학 도우미로서 친구들에게 설명해주는 역할을 담당하여 수학 실력이 크게 향상되었습니다. 수학 학문을 공부할 때는 어려운 것부터 접근하기보다는 쉬운 개념부터 차근차근 접근하는 것이 더 도움이 된다는 것을 깨달았습니다. 또한 혼자서 공부하는 것도 좋은 점이 있지만, 친구들과 함께 공부와 활동을 하게 되면 다양한 접근 방식을 통해 한층 더 지식에 대한 이해와 응용력을 높이게 된다는 것을 알았습니다. 또한 무언가를 기획하고 진행하는 일을 좋아하는 저는 자율 동아리를 통해 수학 원리를 이용한 드림캐쳐와 정다면체 등을 만들어보는 부스를 진행하였습니다. 학생들이 거부감을 느낄 수 있는 수학을 미술 활동에 적용하여 수학에 대한 친근감을 느낄 수 있도록 하는 것이 목표였습니다. 소수의 동아리 부원들과 함께 부스 운영 방식에서부터 예산 관리까지 각자의 일을 체계적으로 나누어 진행하였으며, 이러한 내용을 부스 운영 결과 발표 대회에서 발표하여 좋은 결과를 얻게 되었습니다. 단순히 보고하는 형식으로만 발표했더라면 좋은 결과를 얻지 못했을 수도 있었지만, 직접 만든 작품 등 다양한 시각 자료를 활용하여 발표하니 좋은 결과가 있었습니다.

　부스 운영을 동아리 부원들과 함께 하고, 서로 간의 협력을 통해 좋은 결과를 얻게 되었다고 생각합니다. 또한 부원들의 여러 아이디어가 모여 수학을 친근하게 만드는 목표를 달성하여, 프로젝트를 성공적으로 마무리할 수 있었습니다. 더불어 통계학도가 꿈인 입장에서 수학뿐만 아니라 어떤 활동이든 그 분야에 대한 흥미를 가지는 것이 동기를 높이는 큰 원동력으로 작용한다는 것을 알게 되었습니다. (1,496자)

자연계열－공학전공

고등학교 재학 기간 중 자신의 진로와 관련하여 어떤 노력을 해왔는지 본인에게 의미 있는 학습 경험과 교내 활동을 중심으로 기술해 주시기 바랍니다.

(1,500자 이내)

🖉 새로운 유형의 미적분 문제를 만나면 어떤 공식을 대입해서 풀어야 할지 파악을 하지 못하고 응용이 된 문제를 풀 때는 두려움이 앞섰습니다. 원인이 무엇일까 생각해보니 미적분을 공부하는 과정 속에 도함수의 개념에 있어, 가장 기본적인 도함수란 무엇인가와 같은 정의와 그 속의 공식들을 전혀 이해하지 못한 상태에서 풀이과정만 외워 비효율적인 공부를 하고 있었던 것입니다. 그래서 단순히 공식만 암기하는 것이 아니라 이 문제에서 필요로 하는 공식과 개념은 무엇이며 그 공식이 어떤 원리를 통해 만들어졌는가에 대해 파악하려고 노력했으며 그 공식의 증명 과정이 완벽하게 이해될 때까지 노트에 적어가며 개념을 잡아갔습니다.

이 과정을 반복하면서 많은 시간이 걸렸지만 한번 이해한 개념은 머릿속에 자연스럽게 남게 되었고 문제에 어떤 공식을 대입하고 어떠한 개념을 사용하여 풀어야 할지 빠르게 파악할 수 있었습니다. 그 이후로는 새로운 문제에 대한 두려움이 사라지면서 어떠한 문제도 자신 있게 풀 수 있는 용기를 얻어 실수를 줄이고 성적이 향상될 수 있었습니다. 미적분의 원리에 대해 재미를 갖다보니 일상생활에서 미적분은 어떻게 쓰일 수 있을까에 대해서도 호기심이 생기게 되어 인터넷을 찾아보게 되었습니다. 일상생활에 있어 꼭 필요한 날씨예보에 있어서도, 미분 방정식과 도함수에 관련된 방정식이 사용되고 있다는 것을 알게 되었고 개념을 정리하면서 수학의 개념은 따로따로 떨어져 있는 것이 아니라 하나의 연결고리로 모든 개념이 서로 연결되어있음을 느꼈습니다. 수학 과목에 자신이 생기고, 평소에 랩 하는 것을 좋아하여 수학이론을 랩으로 만들어 부르기도 하였습니다.

한 번은 반 친구들 중 UCC제작에 관심 있는 친구들과 함께 교내 UCC 대회에 참가한 적이 있습니다. 저는 UCC 대회가 수학을 소재로 흥미 있는 랩으로 표현할 기회라고 생각해 참여하게 되었습니다. 저는 수학과 관련지어 가사를 쓰는 역할을 맡았는데, 친구들이 UCC를 보며 더 잘 이해할 수 있게 1절에는 확률과 통계, 2절에는 기하와 벡터 내용을 바탕으로 가사를 썼습니다. 운율을 이용하여 흥미를 끌기 위해 개념들의 공통점을 바탕으로 랩에 라임도 짜 넣었습니다. 저희 팀은 대회에서 좋은 성적을 거두게 되었고, 반마다 저희가 만든 UCC가 상영되어 자랑스러웠습니다. 수학에 관심이 없었던 친구도 저의 가사를 따라 부르며 관심을 보이는 모습을 보고 음악을 통해 누군가가 가지고 있는 지식과 흥미를 타인에게 전달하고 공감될 수 있다는 것을 느꼈습니다. 친구들과 UCC 대회 준비를 하면서 아무리 유능한 사람이라도 혼자의 힘보다는 협업을 통해 창의적이고 새로운 것을 만들 수 있다는 것을 배웠습니다. 깊이 있게 탐구하고 준비하며 한 단계 한 단계의 목표의 단계가 오를수록 더 폭넓은 지식과 시야를 가질 수 있게 된다는 것을 알게 되었습니다. 이렇게 두려움을 극복하고, 새로운 경험을 통해 성장할 수 있었던 것처럼 공과대학에 가서도 어떤 장애물이 있더라도 잘 극복하고 해낼 수 있을 것이라는 자신감이 생기게 되었습니다.

(1,495자)

자연계열–컴퓨터 전공

고등학교 재학 기간 중 자신의 진로와 관련하여 어떤 노력을 해왔는지 본인에게 의미 있는 학습 경험과 교내 활동을 중심으로 기술해 주시기 바랍니다.

(1,500자 이내)

2학년 1학기 때 '정보'라는 과목을 처음 공부하게 되었습니다. 정보과목의 성적을 올리기 위해 문제점을 분석해보니 수행능력이 부족하고 학습 자료를 꼼꼼하게 보지 않았다는 것을 알았습니다. 평상시에 복습도 하지 않았고, 시험 전날에 급하게 공부했고, 컴퓨터에 직접 배운 내용을 적용해 보아야 오래 기억을 할 수 있는데 하지 않았기 때문이라는 것을 알고 반성을 했습니다. 그래서 저의 문제는 공부에 임하는 학습 태도를 바꾸기 위해 노력했습니다.

2학기에는 실제로 수업시간에 선생님이 강조하신 부분을 놓치지 않으려고 필기하며 들었고, 내주신 숙제도 열심히 했습니다. 선생님이 주신 자료로 공부를 하다가 궁금한 내용은 스스로 해결해보고 그 후에 선생님께 질문하였습니다. 수행평가는 실기 연습을 충분히 하였고, 학습 내용을 깊이 있게 학습하기 위해서 친구와 함께 서로 궁금한 내용을 질문하고 설명하는 방법을 적용해보았습니다. 그 결과 이전에 비해 수행능력이 향상되었고 자료에 대해 정확하게 이해할 수 있었습니다. 그러나 이런 과정에서 힘든 점도 있었습니다. 사실 저는 척추측만이 있어서 오랫동안 한 자세로 앉아있는 것이 힘듭니다. 하지만 이것을 극복하기 위해 시간 계획을 세워서 허리에 무리가 안 가도록 공부했습니다. 이렇게 계획을 세워 공부하니 좋은 성적을 받게 되었습니다. 수업시간에 배운 한글 파일이나 엑셀 사용법 등은 아직도 제가 문서 작성을 하는데 많은 도움이 되고 있습니다. 또 내가 못 하는 것이 있어도 열심히 노력하면 잘할 수 있다는 자신감이 생겼습니다. 평소 가상현실에 흥미를 느끼고 있었기 때문에 관심 분야를 진로와 연관 지어 의미 있는 활동을 해보고 싶었습니다. 그래서 동아리 대표를 하면서 팀원을 대상으로 진행하는 가상현실 교실을 추진했습니다. 가상현실 고글을 쓰고 스포츠도 경험해보고 외국여행도 가보면서 학습하는 가상의 세계를 현실의 세계처럼 느껴보고 싶었습니다. 그리고 학생들에게 AR과 VR의 세계를 통해 학습하는 경험이 어려운 것이 아니라 흥미진진하고 반드시 알고 있어야 한다는 사실을 알려주고 싶었습니다. 하지만 학교에서 고글을 통해 체험하는 것은 현실적으로 어려워서 자료를 찾아 학생들이 집중하고 이해에 도움이 되는 사진이나 이론을 PPT를 제작하여 발표하였습니다. 예를 들어 가상현실 체험 주제에 관한 체험영상을 만들어 보여주어 관심을 높였습니다. 팀원들은 가상현실에 흥미를 갖게 되었고, 결국 가상현실 체험관을 찾아 동아리 단체 체험을 하였습니다. 그 경험은 제가 자료를 조사하고 영상을 만들어 본 경험 이상이었습니다. 컴퓨터 프로그램을 전공하려는 저는 주변 상황을 기반으로 한 아이디어가 좋은 결과를 낼 수 있다는 것을 알게 되었습니다. 친구들은 정보라는 과목이 대학 진학에 중요하다고 생각하지 않아 공부하지 않았지만 저는 컴퓨터 프로그램을 전공하려는 입장에서는 소중하다고 생각해 더 열심히 공부했습니다. 이러한 경험을 통해 사소한 것이라도 최선을 다해 도전한다면 좋은 결과를 얻을 수 있을 것이라는 확신이 생겼습니다.

(1,490자)

자연계열 – 의학전공

고등학교 재학 기간 중 자신의 진로와 관련하여 어떤 노력을 해왔는지 본인에게 의미 있는 학습 경험과 교내 활동을 중심으로 기술해 주시기 바랍니다. (1,500자 이내)

✎ 의과대학을 목표로 열심히 공부했기에 수학과 과학 등의 이과 과목은 어느 정도 자신이 있었습니다. 그러나 의학을 공부하기 위해서는 영어실력은 필수인데 부족한 영어실력이 문제였습니다. 노력이 부족한가 싶어서 많은 시간을 영어에 투자해 보아도 역부족이었습니다. 그래서 어떤 문제점 때문인지 파악해보니 영어에 대한 막연한 두려움을 가지고 있었습니다. 또한 영어 과목 전체에 문제가 있는 것이 아니라 영어독해 부분이 다소 취약했습니다. 같은 언어 계열임을 이용하여 이전에 '국어 교과 연계 독서 모임' 구성원으로 활동하며 다양한 문학 작품을 접하고 현장에서 몸소 경험하며 국어 교과에 대한 흥미가 높아진 경험을 떠올리며 영어를 보다 친숙하게 느끼고자 했습니다.

그 방법의 일환으로 영자신문읽기와 영어 에세이 쓰기를 주기적으로 꾸준히 하며 영어를 일상 속에서 접하는 시간을 늘려갔습니다. 영자 신문을 읽을 때 처음엔 이해가 잘되지 않아 같은 부분을 5회 이상 반복했습니다. 하지만 모르는 단어는 사전에서 찾고 핵심 단어를 중심으로 맥락을 통해 파악하려는 연습과 노력 끝에 반복 횟수는 점차 줄어들었습니다. 또한 자율적인 주제를 선정하여 영어 에세이를 쓸 때에는 모르는 단어는 사전을 활용하고, 헷갈리는 문법은 영어 문법 책을 펴놓고 참고하며 제 생각을 표현하려 노력했습니다. 그 결과, 국어처럼 영어도 읽는 흐름 속의 일부로 여기며 점차 영어 전반에 대한 막연한 두려움을 떨쳐 버릴 수 있었습니다. 이처럼 흥미를 가지게 된 후에는 자주 나오는 문장을 노트에 체계적으로 정리하며 부족한 점을 한층 더 보완할 수 있었습니다. 이 과정은 교과서가 아닌 다방면에서 영어를 접하게 되어 영어 전반에 대한 흥미를 높이고 폭넓은 시야를 갖게 된 값진 경험이었고 이는 성적 향상으로까지 이어졌습니다. 또한 학교 프로젝트의 일환으로 참여했던 독서 마라톤 활동을 통해 독서 활동의 즐거움을 알게 되어 과학 독서 동아리를 창설했습니다. 동아리에서는 매주 하나의 과학 관련 서적을 정해 읽은 후 동아리원들과 책의 내용에 대해 발표하고 토론한 내용을 감상문을 작성하는 활동을 했습니다. 저는 생물이론을 PPT로 만들어보거나 역사적 배경을 정리한 후 팀원들과 서로 읽어보며 진솔한 대화를 나누기도 했습니다. 이 활동을 통해 여러 과학현상을 간접적으로 체험할 수 있는 독서가 사람의 사고력을 형성하고 창의력을 기르는 데 큰 역할을 한다는 것을 다시금 느꼈고, 특히 생물 관련 독서 후 활동과 연계하며 그 효과가 저의 꿈을 이루는데 극대화될 수 있다는 점을 배웠습니다. 이를 바탕으로 정기적으로 친구들과 책을 읽는 시간을 갖고 함께 독서 후 활동을 함으로써 사고력을 형성하고 진로에 더욱 도움이 될 수 있도록 노력하고 있습니다.

어떤 학습이든 고뇌하고 노력한다면 할 수 있다는 자신감과 성취감도 얻을 수 있었습니다. 저는 이 경험을 바탕으로 이다음 의사가 된다면 직분을 수행함에 있어 두려움 속에 빠져 있는 환자를 대함에, 하나의 진료방법이 아닌 다양한 진료방법을 모색하여 환자에게 맞는 치료를 하고 싶습니다.

(1,496자)

자연계열-과학전공

고등학교 재학 기간 중 자신의 진로와 관련하여 어떤 노력을 해왔는지 본인에게 의미 있는 학습 경험과 교내 활동을 중심으로 기술해 주시기 바랍니다.

(1,500자 이내)

누구나 학습에 있어서 어려움을 겪기 마련입니다. 저는 과학이라는 과목을 항상 어려워했습니다. 고등학교 1학년 첫 번째 시험에서 좋지 않은 성적을 받게 되었지만 처음에는 대수롭지 않게 생각했지만 점점 과학에 대한 어려움은 더 커졌습니다. 그럼에도 적성검사에서 이과적성이 높게 나와 이과를 선택하였습니다. 2학년이 된 후, 큰 비중을 차지하는 '물리 I'과목을 공부해야 했습니다. 처음에는 문제 출제자의 의도를 파악하지 못했다고 생각했습니다. 공책에 중요하다고 생각하는 부분을 중심으로 간단한 문제를 만들고 자율학습시간에 풀어보는 식으로 공부했습니다. 그러나 중간고사에서 중간 정도의 성적을 받았습니다. 열심히 노력했지만 제가 원하던 점수는 아니었습니다. 초심으로 돌아가 원인을 분석했고, 중요하다고 생각해서 밑줄 친 부분과 제가 만든 문제와 답을 그대로 외우는 암기식 공부를 했다는 것을 알 수 있었습니다. 그래서 공부의 원리를 이해하기로 했습니다. 특히 제가 어려워했던 '마그누스의 힘' 단원에서 도움을 받은 것은 바로 친구들과 함께한 마인드맵 학습법이었습니다.

친구들과 함께 자신이 작성해 온 마인드맵을 바탕으로 서로 발표하면서 본인이 생각하지 못해 쓰지 못했던 부분이나 미처 중요하다고 여기지 못했던 부분 그리고 친구들이 적은 좋은 예시들을 저의 공책에 보완하며 공부했습니다. 그 결과 기말고사에서는 함께 공부했던 친구들 모두 우수한 성적을 거둘 수 있었습니다. 이러한 공부 방법을 토대로 대학에서 화학을 전공하자 하는 저는 '화학Ⅰ'과목에도 적용해 보았습니다. 참으로 놀라운 일을 경험했습니다. 하나의 과목을 나름대로의 방법을 찾아 체계화하면 다른 과목에도 생각보다 쉽게 적용할 수 있음을 알았습니다. 그리하여 좀처럼 얻기 힘든 화학과목에서 1등을 할 수 있었습니다. 이러한 경험을 통해 원리를 통해 공부의 흐름을 읽는 것이 학습단원의 전반적인 내용을 파악할 수 있게 해준다는 것을 알았습니다. 그리고 3학년이 되어서는 진로에 도움이 되는 동아리 활동을 해보고 싶었습니다. 그래서 화학 실험 동아리에 가입하게 되었습니다. 동아리에서는 분자의 몰 수 구하기, 용액의 농도 구하기, 아스피린 만들기, 산화 환원 반응 등의 실험을 했습니다. 실험 전에 항상 3학년이 먼저 설명을 해주고 부족한 부분은 선생님께서 보충을 해주셨습니다. 그러나 열심히 참여하지 않는 후배가 있었는데, 그 이유는 실험 내용이 너무 어려워서 흥미를 잃은 것이었습니다. 그래서 저는 후배의 눈높이에 맞추어 더 열심히 반복해서 설명해주었습니다. 후배는 그때서야 이해를 하고 실험에 재미있게 참여하게 되었습니다. 학습자의 수준을 고려한 목표 설정이 얼마나 중요한지를 깨닫게 되는 기회가 되었습니다.

동아리 활동을 하면서 이론만으로 이해가 잘되지 않던 것들을 직접 실험하면서 머리에 각인시킬 수 있어서 좋았습니다. 그리고 친구들과 지식을 공유한다면 더 큰 학습 효과를 얻을 수 있다는 것을 알게 되었습니다. 또한 이 다음 화학자가 되어 연구할 때에도 이와 같은 경험을 토대로 능력을 발휘하고 싶습니다.

(1,497자)

2-1

계열공통

고등학교 재학 기간 중 타인과 공동체를 위해 노력한 경험과 이를 통해 배운 점을 기술해 주시기 바랍니다. (800자 이내)

UCC 만들기에 관심이 있는 다섯 명의 친구들과 함께 문학 작품 UCC 만들기 대회에 참가하였습니다. 하지만 UCC 촬영은 생각보다 어려움이 많았습니다. 각자 역할의 비중이 달랐기에 다른 역할에 비해 분량이 많은 친구의 불만이 생겼고, 약속 시간을 제대로 지키지 않는 친구가 생기자 촬영 시간이 지체되어 오랜 기다림으로 모두들 힘든 상태가 되었습니다. 시간이 더 지나자 촬영을 그만하자는 얘기까지 나오기 시작했습니다. 저 또한 더운 날씨에 여러 명에게 기다림을 강요할 수도 없는 상황이었습니다. 그날의 촬영은 결국 중단되었고, 저는 약속 시간을 지키지 않은 친구에게 시간을 지키지 않으면 모두에게 피해가 갈 수 있다고 전해주었습니다. 그리고 그런 점 때문에 촬영이 제대로 이어지지 못했다고 이야기하면서 늦은 시간만큼 분량이 많은 친구의 촬영에 참여해주면 좋겠다고 설득했습니다. 저 또한 다른 친구들을 위해 UCC 촬영을 위한 소품을 대신 준비하고, 혼자 맡기 힘든 친구의 역할을 같이 해주기도 하였습니다. 그리고 편집의 대부분은 역할을 번갈아가면서 하는 것을 제안했습니다.

이를 통해 촬영을 진행하면서 생긴 어려움을 해결할 수 있었고, 여럿의 힘을 합치면서 UCC를 완성해나갈 수 있었습니다. UCC를 만들면서 힘든 과정이 있었지만 모두가 만족스러워할 만한 결과물을 얻을 수 있었고, 저는 관계와 의사소통이 하나의 목적을 이루는 데 큰 힘이 된다는 것을 깨달았습니다. 그리고 팀 활동에 대한 긍정적인 인식을 가지게 되면서, 팀 활동을 할 때 구성원들에 대한 배려와 협력의 중요성에 대해 깨닫게 되었습니다.

(794자)

계열공통

고등학교 재학 기간 중 타인과 공동체를 위해 노력한 경험과 이를 통해 배운 점을 기술해 주시기 바랍니다. (800자 이내)

🖊 동아리 기장을 맡으면서 교내 활동만을 진행했던 동아리 활동을 바꾸고자 교외에서 봉사활동을 하고 싶어 하는 부원들의 의견을 반영하여 외부 활동을 할 것을 제안했습니다. 그리고 지역아동센터를 섭외하고 부원들에게 외부 봉사활동에 대해 알렸습니다. 그런데 활동을 시작한지 세 번 만에 부원들의 불만이 나오기 시작했습니다. 아이들을 대하는 것을 부담스러워하는 친구도 있고, 구체적인 활동 계획 없이 시간 때우기 식의 활동을 한 친구는 동아리를 그만두겠다고 했습니다. 시간이 촉박하다는 이유로 다 같이 의견을 모아 정하지 않고 제 경험에만 비추어 섭외한 것이 문제임을 깨달았습니다.

단체 활동은 구성원이 토의 및 회의를 통해 모두가 함께 할 방안을 찾아야 하고, 진정한 리더는 '결정'보다는 '소통'을 해야 한다는 것을 알게 되었습니다. 문제에 대한 해결방안을 모색하기 위해 함께 의견을 나눴는데, 아이들과의 관계 형성이 어렵다는 의견이 많아 이를 위한 프로그램을 진행하기로 했습니다. 체육활동, 게임 등 다양한 의견이 나왔습니다. 저는 부원 각자의 재능을 고려하여 자신이 잘 할 수 있는 것을 아이들과 함께하자고 제안했습니다.

아이들의 흥미와 성향도 고려하자는 의견이 더해져 짝 피구, 댄스배틀, 종이접기, 그림 그리기 등으로 프로그램을 정했습니다. 모두 협력하여 봉사활동이 원활히 진행되었습니다. 이를 통해 다른 사람들과 함께 하는 포용적인 협력이 중요하다는 것을 깨달았습니다. 또 구성원들이 힘들어할 때 배척하고 독단적으로 진행하는 게 아니라 그들의 참여를 독려할 수 있는 방안을 고민하고 격려해야 함을 배웠습니다.

(794자)

계열공통

고등학교 재학 기간 중 타인과 공동체를 위해 노력한 경험과 이를 통해 배운 점을 기술해 주시기 바랍니다. (800자 이내)

✎ 음악 시간에 반가 합창 수행평가를 하게 되었습니다. 주요 과목이 아니다 보니, 수행평가임에도 조원들은 활동을 할 의지가 없었습니다. 뜻깊은 추억을 만들자는 설득에 조금씩 흥미를 가지는 친구들이 생겼고. 재미가 붙은 친구들은 율동을 넣어 보자고 했습니다. 교과서를 들어 올리는 율동을 만들기로 했지만, 교과서를 언제 들고 내릴지에 대한 조원들의 의견이 엇갈렸습니다. 친구들의 의견을 듣고 각각의 장단점을 이야기해본 결과, 한 명만 책을 들고 다른 사람들은 모두 그 사람을 가리키는 것으로 의견을 모을 수 있었습니다. 또한, 합창곡의 파트를 나눠야 했지만 친구들은 부담감 탓에 솔로 파트를 맡기 꺼려했습니다. 저는 조장으로서 지휘자를 담당해 솔로 파트까지 맡는 것이 불가능했습니다. 문제를 해결하기 위해 조원들과 다시 토의를 진행했습니다.

많은 의견이 나왔지만 여러 의견들을 종합해, 솔로 파트에서 지휘자가 뒤돌아 관객 앞에서 노래를 하고 나머지 조원들이 지휘자가 되어주자는 독특한 결론을 냈습니다. 독특한 아이디어와 쉬는 시간과 점심시간에 틈틈이 연습한 결과 저희 조가 가장 잘한 조로 선발되었고, 나아가 문·이과 전교 반 대항 반가 부르기 대회에서도 좋은 성적을 거둘 수 있었습니다. 합창 대회 경험을 통해 모든 구성원과 최대한 많은 소통을 해야 좋은 결과를 이끌 수 있다는 것을 배웠습니다. 소통 과정에서 의견 충돌이 생길 경우 자신의 의견만을 주장하거나 다수의 의견에 동의하도록 강요하기보다는 시간이 걸릴지라도 모두의 의견을 경청하여 최선의 해결책을 이끌어내는 것이 진정한 리더의 자질임을 느꼈습니다.

(787자)

계열공통

고등학교 재학 기간 중 타인과 공동체를 위해 노력한 경험과 이를 통해
배운 점을 기술해 주시기 바랍니다. (800자 이내)

🖋 영자신문 동아리에서 매 학기마다 기획 기사 작성과 학교 행사들을 취재해서 신문을 발간하는 활동을 하였습니다. 그런데 기사를 작성하는 시기가 시험 기간에 가까워지다 보니 부원들 모두 시간이 부족해 책임을 회피하며 추가적인 학교행사에 대한 기사를 작성하려고 하지 않았습니다. 그런 상황이 반복되다 보니 저는 각자의 것만 작성하려 하면 학교 신문이 형편없어져서 읽는 학생들에게 피해를 주게 되므로 동아리 부원 모두에게 빨리 대책을 마련할 것을 제안했습니다. 글솜씨가 좋은 부원이 작성하자는 제안을 통해서 인터뷰와 수련회활동을 나눠서 몇 명의 부원들이 작성하기로 했습니다. 그러나 저는 단지 글솜씨가 좋다는 이유만으로 최종 결정된 몇 명이 나눠서 쓰기에는 부담이 상당히 클 수밖에 없다고 생각하여 수련회 활동과 인터뷰 내용을 모두가 같이 협업해 작성하는 것을 제안했습니다. 처음에는 부원들 모두가 부족한 시간 때문에 기사의 질이 낮을 것 같다고 걱정했지만 저는 오히려 각자가 맡은 부분을 서로 검토하며 피드백을 주기적으로 해준다면 혼자 쓰는 기획기사보다 충분히 더 잘 쓸 수 있다고 격려했습니다.

부족한 시간이었지만 점심시간마다 만나서 수련회 활동사진을 공유하며 부원들과 함께 선생님의 인터뷰를 진행하였습니다. 그 결과, 동아리 부원들과 선생님까지 모두 만족할만한 결과물을 만들 수 있었습니다. 서로 간의 소통을 통해 부원들의 심정을 서로 공감할 수 있게

도와주면, 갈등이 오히려 여러 의견들의 합의점을 찾을 수 있는 계기가 될 수 있다는 것과 공동체의 목표성취에 도달할 수 있다는 것을 배웠습니다.

(787자)

계열공통

고등학교 재학 기간 중 타인과 공동체를 위해 노력한 경험과 이를 통해 배운 점을 기술해 주시기 바랍니다. (800자 이내)

✎ 2학년 창의적 활동 시간에 추억을 쌓고 학교폭력의 심각성을 알리자는 취지에서 단편 영화를 제작하기로 했습니다. 이를 위해 반 친구들과 역할을 분배했고 저는 총괄과 영상 편집을 맡았습니다. 부족한 배우 역할은 회의를 통해 아무 역할도 맡지 못한 친구들이 하기로 했습니다. 대본작성이 오래 걸려 시간이 부족했고 촬영해야 할 장면이 많았는데, 촬영이 진행되자 배우 친구들이 연기에 부담을 느끼고 촬영을 거부하였습니다. 이유는 배우를 원하지 않았던 친구들이 어쩔 수 없이 배역을 맡았기 때문이었습니다. 학급회의를 통해 이를 친구들에게 알렸고, 배우를 하겠다고 먼저 자원하자 다른 두 친구도 배역을 맡아주었습니다. 대신 연기해줄 친구를 찾지 못한 친구들의 부담을 줄여주고자 작가 친구들에게 양해를 구해 대본의 몇 장면들을 삭제하자는 의견을 내었습니다. 그러나 촬영을 줄이고자 삭제된 장면으로 인해 장면이 부드럽게 이어지지 않아 어색한 부분이 나타났습니다. 이 점에 대해 토의할 때 몇 친구들은 완성도를 위해 빠진 장면을 찍자고 하고, 다른 친구들은 시간이 부족하니 찍지 말자고 하였습니다. 갈등이 점점 심해지는 것 같아 저는 추억을 위해 제작하는 영화임을 상기시켜, 부족한 부분은 우리 반 모두가 촬영 팀을 도와 여러 팀으로 나누어 촬영해 하나로 합쳐 결국 영화를 완성할 수 있었습니다. 영화를 제작하며 계획한 것이 예상대로 되지 않을 때 유연하게 대처하는 법을 알게 되었습니다. 완벽하다고 생각했던 계획에서의 실패들

은 더 완벽한 결과를 위한 주춧돌이었음을 깨달았고, 실패를 성공으로 발전시키는 법을 알게 되었습니다.

(792자)

3-1

자율문항

고등학교 재학 기간(또는 최근 3년간)읽었던 책 중 자신에게 가장 큰 영향을 준 책 2권을 선정하고 그 이유를 기술하여 주십시오. (800자 이내)

✎《오래된 미래》_헬레나 노르베리 호지

미래로 나아가기 위해서는 끊임없이 발전하고 새것으로 혁신해야 한다는 저의 강박관념을 벗어날 수 있게 해준 책입니다. 혹독한 환경에서도 가족과 이웃을 사랑하며 기쁨을 누리던 라다크 공동체가 서구의 문명에 의해 처참히 붕괴되는 모습을 통해 서구사회가 남긴 자취를 그대로 따라가는 것만이 '발전'을 의미하는 것이 아니고 과거로부터 전해진 소중한 전통과 정신을 되돌아보고 지키는 것 역시 '발전'이라고 생각합니다. 이를 바탕으로 제3세계 국가들이 그들의 전통적, 생태적 다양성을 유지하며 자율적인 개발을 지속할 수 있는 방안과 이론을 연구하고 싶다는 생각이 들었습니다. 또한 공동체의식이 부재한 사회 속에서 이웃 간의 상호성과 자연과의 합일을 추구하는 과거 라다크의 건강한 사고방식을 통해 진정한 삶의 기쁨을 깨달았습니다.

(400자)

《달과 6펜스》_서머싯 몸

'무슨 직업을 가져야 하는가?'라는 질문에 허덕이고 있을 때 '어떤 사람이 되고 싶은가?'라는 새로운 질문을 제시한 책입니다. 안정적인 직업과 가정을 가졌지만 집을 떠나 남은 생을 그림에 바쳤던 스트릭랜드를 처음에는 이해하지 못했습니다. 하지만 그를 조롱하는 주위의 시선과 열악한 환경 속에서 몸을 추스르지도 못할 정도로 그림에 몰두하는 그의 모습에서 순수한 예술가로서의 열정을 느낄 수 있었습니다. 이러한 그의 모습은 자신의 꿈과 탁월한 재능을 숨기고 공부하도록 강요받는 우리 학생들의 모습을 떠오르게 했습니다. 이상을 상징하는 '달'과 세속적인 부를 상징하는 '6펜스' 사이에서 '달'의 세계를 선택한 모습에서 다양한 분야에서의 아이들의 잠재력과 흥미를 인정해주고, 계발해주는 교육의 필요성을 깨달았습니다.

(399자)

자율문항

고등학교 재학 기간(또는 최근 3년간)읽었던 책 중 자신에게 가장 큰 영향을 준 책 2권을 선정하고 그 이유를 기술하여 주십시오. (800자 이내)

《떠나지 못하는 사람들》

떠나지 못하는 사람들이 누구일까에 대한 호기심으로 시작된 독서를 통해, 집과 일터를 잃은 채 살아가는 사람들의 이야기를 알게 되었습니다. 책에서 소개된 청계천과 홍제동 그리고 문정동은 모두 제가 가본 적 있는 장소였지만, 그곳의 상인들과 재개발 지역 주민들이 사회적으로 어떤 어려움을 겪어 왔는지 알게 된 것은 처음이었습니다. 무심코 지나쳐왔던 길이지만, 그 장소에 대한 의미를 생각해 본 적이 없었기 때문입니다. 하지만 책을 읽고 우리나라 재개발 구역과 상업 지구의 사람들에게 벌어지고 있는 일은 간단하게 해결할 수 있는 문제가 아니라는 것을 깨달았고, 그 장소를 지날 때 멈춰서 주위를 둘러보게 되었습니다. 그리고 이러한 사회적 문제에 관심을 가지고, 사회에 공헌할 수 있는 기업가가 되고 싶습니다.

(394자)

《브랜드가 되어간다는 것》

브랜드가 되어간다는 것은 무엇일까? 저는 브랜드에 철학이 부재하면 그 브랜드가 누구를 그리고 무엇을 위해 존재하는지 쉽게 정의 내리지 못하게 된다는 것을 보고, 브랜드 창출을 위해서 가장 중요한 것은 브랜드에 대한 철학이라는 것을 깨달았습니다. 저는 이 과정에서 제가 추구하는 가치가 무엇인지 생각해 보았고, 이러한 가치와 철학을 찾기 위해 스스로에게 질문을 하기 시작하였습니다. 다양한 질문

속에서 나는 사람들의 문화생활을 변화시킬 수 있는 사람인가? 라는 질문을 통해 제가 지향하는 본질적인 가치가 있다면, 그 가치가 브랜드에 스며들게 된다는 것을 알게 되었습니다. 그리고 저는 서울대학교에서 그 물음에 분명하게 답하기 위해 나만의 브랜드에 대한 가치를 찾아 선보일 수 있도록 발전해나가고 싶습니다.

(395자)

자율문항

해당 모집단위에 지원하게 된 동기와 지원하기 위해 노력한 과정을 구체적으로 기술하시오.

(800자 이내)

🖊 2020 미래교육 보고서'에 제시된 '미래교육은 사회의 변화를 배우는 것에서 시작한다.'라는 구절에 읽고 변화하는 사회에 따라 변화하게 된 교육 현상에 대해 분석하고자 이 책을 주제로 토의 활동을 했습니다. 저출산 고령화로 인한 교육 부문의 가장 큰 변화는 출산율 감소가 초래하는 학생 수의 감소라고 생각했습니다. 현재 출산율이 증가하기는 힘든 점을 고려할 때, 줄어드는 학생 수를 활용해 교육의 효과를 높이는 방안을 도입해야 한다고 생각했습니다. 학생 수가 많았을 때는 실행하지 못했던 개별 맞춤 프로그램을 활성화하는 방안과 줄어든 학급 수로 인해 생긴 빈 교실을 다용도실이나 휴식 공간 등의 공간으로 개발하는 방안을 제안했습니다. 교육학과에 진학하여 변화하는 사회에서 교육 환경을 개선할 수 있는 교수법을 연구해보고 싶습니다.

미래의 교육제도를 연구하기 위해서는 현재 우리나라의 교육제도를 파악해야 한다고 생각했고, 이를 위해 2년 동안 인문학 아카데미 '동행'을 수강했습니다. 우리나라의 교육제도 중 '자유학기제'에 대한 교육 전문가님의 강의를 들은 후, '자유학기제는 학생들의 역량 강화에 도움을 주는가?' 라는 주제로 토론 활동을 했고, 저는 찬성 측을 맡아 변론을 준비했습니다. 자유학기제를 통해 학생들의 학업 부담감이 줄어들 수 있고, 참여형 수업과 다양한 체험활동을 통해 진로 탐색 기회를 가지고 숨겨진 역량을 발견할 수 있다는 것을 알게 되었습니다. 하지만, 반대 측 입장을 들으며 자유학기제로 이해 오히려 사교육이 증가하여 교육격차가 심화될 역효과가 발생할 수 있다는 것을 알게 되었습니다.

(792자)

자율문항

해당 모집단위를 지원하게 된 동기와 대학 입학 후 학업 또는 진로 계획에 대해 기술해 주시기 바랍니다. (800자 이내)

저는 모든 교육의 기반이 되는 교육학 이론을 탐구하는 교육 전문가가 되고 싶어졌습니다. 이를 위해 고등학교 3년 동안 교육봉사를 하며 중학생들을 가르쳐왔습니다. 어떻게 하면 더 잘 가르칠 수 있을까에 대해 고민하다 온라인 공동 교육과정으로 진행된 교육학을 수강했습니다. 교육학 수업을 통해 다양한 교수법, 학습이론을 배우고 이를 적용해가며 교육 봉사를 하니 학생이 더 잘 이해하였습니다. 그리고 수업을 하고 난 후에는 제가 사용한 교육학의 이론과 수업 방식 등을 적어 저만의 수업 일지를 만들어 어떤 방법이 더 효과적이고 잘할 수 있는지에 대해 성찰하는 시간을 가졌습니다. 이를 통해 저는 특정 과목에 깊은 지식을 갖추는 것도 중요하지만, 가르치는 기술의 중요성을 깨닫고 먼저 교육의 기초가 되는 교육학 학문에 대해 체계적으로 공부하고자 교육학과에 지원하게 되었습니다.

저는 ○○대학교 교육학과에 진학한 후 교육심리와 교육방법론에 대해 충분한 공부를 하고 싶습니다. 또한, ○○ 동아리 활동하며 외국 학생들과 관계를 맺고, 외국의 교육제도와 더 많은 문화를 체험하고 외국어 Tutoring 프로그램을 통해 학문으로서의 영어뿐만 아니라 실전 회화로서의 영어를 배우고 싶습니다. 이를 통해 교육전문가가 되었을 때 학생들에게 실용적인 영어를 가르치는 방법을 연구하고, 학생들이 자신감을 갖고 외국인들과 소통할 수 있도록 돕고 싶습니다. 또한 다양한 봉사활동에 참여하고, ○○대학교의 교양 및 인문학 프로그램에 대한 참여를 통해서 더 심화된 지식을 갖춘 교육전문가가 될 수 있도록 꾸준히 노력하고자 합니다. (790자)

자율문항

추가적으로 학교생활기록부 기재 내용 중 지원자의 우수성을 보여줄 수 있는 사례에 대해서 기술해 주시기 바랍니다. (800자 이내)

저는 수학과목을 열심히 공부하여 나름 실력을 갖추게 되어 친구들에게 도움을 주고자 수학교과서 문제 해설지를 꾸준히 제작해왔습니다. 수학교과서의 많은 문제들을 모두 수업시간에 다룰 수 없었고 저는 친구들에게 많은 질문을 받아왔습니다. 이때, 친구들의 입장에서 문제를 해결할 수 없는 이유를 파악하고자 노력하였고 친구들이 문제를 정확히 이해하는데 필요한 요소들을 끊임없이 고민하였습니다. 그 결과, 개념에 대한 이해, 개념과 풀이의 간극에 대한 이해, 계산 과정에서의 이해와 같이 친구들의 입장에서 문제를 바라봄으로써 이해에 필요한 요소를 찾을 수 있었습니다. 이러한 요소들을 고려하여 문제 풀이를 세분화한 우리만의 해설지를 작성할 수 있었습니다.

또한, 4차 산업혁명시대를 살아가기 위해서 필요한 자질은 알고 있는 지식을 여러 방면으로 활용할 수 있는 창의성이라고 생각합니다. 이유는 미래에는 모든 곳에서 창의성을 갖춘 인재들을 필요로 할 것이기 때문입니다. 따라서 이러한 능력을 갖추기 위해선 무엇보다도 다양한 지식을 접해볼 필요가 있다고 생각했습니다. 과학과목과 관련된 동아리 활동을 통해 기술의 발전에 과학을 활용하기 위해 다른 각도에서 바라보는 노력을 했습니다. 인문학에 대한 책을 읽고 토론하는 동아리에 참여하여 인문학적 소양뿐만 아니라 미래사회에서 소홀할 수 있는 윤리적 요소에 대해 인지하고 사고범위를 넓히고자 노력했습니다. 더 나아가, 과학발명아이디어 대회에 참가해 신체의 하중과 자세에 대한 지식을 공부하고 실생활에서 느낀 불편한 점을 개선하는 아이디어를 설계하여 창의적 발상을 펼쳐보고자 노력했습니다.

(799자)

새로 바뀐
대학 자기소개서

초판 1쇄 인쇄 2021년 07월 02일
초판 1쇄 발행 2021년 07월 09일
지은이 김 완

펴낸이 김양수
책임편집 이정은
교정교열 이봄이

펴낸곳 도서출판 맑은샘
출판등록 제2012-000035
주소 경기도 고양시 일산서구 중앙로 1456 서현프라자 604호
전화 031) 906-5006
팩스 031) 906-5079
홈페이지 www.booksam.kr
블로그 http://blog.naver.com/okbook1234
이메일 okbook1234@naver.com

ISBN 979-11-5778-496-7 (53370)